Lettres Entrelacées

au point de croix

Remerciements

Merci de tout cœur à l'équipe du Temps Apprivoisé et à Fabienne Bassang qui m'a mise sur son chemin, à Maria Bonnard, toujours prête à faire ronronner la machine à coudre, à Annie Boulay qui a réalisé la taie d'oreiller et à Odile Hazard qui a créé et réalisé le tablier coquet et le sac feuilleté, sans oublier mon fils Nicolas grâce à qui l'ordinateur a fait preuve à mon égard d'une parfaite docilité !

Direction éditoriale : Valérie Gendreau
Édition : Isabelle Riener
Relecture : Annie Testart-Louange
Conception graphique : Anne Bénoliel-Defréville
Mise en pages : Cyril Tissot-Daguette
Couverture : Cyril Tissot-Daguette
Photographies : Fabrice Besse
Stylisme : Sonia Roy
Fabrication : Géraldine Boilley-Hautbois, Louise Martinez
Photogravure : Turquoise

Édition du Club
Avec l'autorisation des Éditions Le Temps Apprivoisé
FL, 123, Boulevard de Grenelle, Paris

ISBN : 978-2-298-08170-1
N° Éditeur : 75127
Dépôt légal : février 2014
Achevé d'imprimer en France par Pollina, mars 2014 - L67629

Michèle Rain

Lettres Entrelacées au point de croix

Éditions de Noyelles

Préface

Bien enraciné dans le passé et s'ouvrant maintenant sur des formes modernes, le point de croix donne à nos ouvrages toute sa puissance symbolique, celle qui s'exprime à travers le jeu des lettres, celle des traditionnels abécédaires qui nous charment, entre écriture scolaire et subtile calligraphie.

Mais au-delà de simples signes, il y a ces étonnantes lettres entrelacées qui portent beaucoup plus loin leur message subliminal. Que veulent-elles nous dire lorsque les courbes se confondent pour mieux se séparer ensuite ? De quels liens mystérieux nous parlent-elles, lorsqu'elles se posent sur la blancheur d'un coussin de mariage ou dans les couleurs acidulées d'un tablier ? Si elles ne correspondent pas aux initiales d'un prénom et d'un nom, alors il me plaît à rêver qu'elles témoignent de liaisons amicales, familiales ou peut-être amoureuses. Elles matérialisent, dans la douceur d'une toile de lin, le rapprochement virtuel de deux êtres, comme un partage, comme des fragments de vie saisis en trois aiguillées.

Michèle les a détournées pour nous, et ces entrelacs transformeront bien vite un banal objet en fantaisie poétique. Loin de toute agitation, le rythme rassurant du geste répétitif croisant et recroisant les fils nous apportera cette petite touche de gaieté si précieuse, pour illuminer notre quotidien souvent trop austère. Michèle nous a offert ici l'éclat de son imaginaire de brodeuse pour nous entraîner dans un rêve bucolique, dans la fraîcheur de l'enfance ou dans la chaleur originelle d'un intérieur alsacien… Entre ces pages, j'ai retrouvé, caché sous de simples points de croix, tout le pétillant de son regard clair.

Marie-Thérèse Saint-Aubin

Sommaire

Le matériel

Les toiles à broder

Pour broder au point de croix, les toiles doivent comporter le même nombre de fils horizontaux (trame) et verticaux (chaîne) au centimètre.

- **La toile Aïda** est la plus facile à travailler pour débuter : son tissage permet de compter facilement les fils de la trame.
- **Les étamines** aussi sont faciles à broder grâce à la régularité du tissage.
- **La toile de lin** existe dans des tons subtils, et son tissage irrégulier donne aux ouvrages un charme particulier.
  Vous pouvez teindre vous-même le lin en utilisant du thé qui donnera un brun ocré, ou des pelures d'oignons pour obtenir une teinte plus rosée.
- **La gaze de soie** permet de broder jusqu'à 32 points au cm.
- **Le tire-fil** permet de broder sur les tissus dont on ne peut compter les fils comme, par exemple, le jean, l'éponge ou le drap. Bâti sur le tissu, à l'endroit souhaité, il sert de guide.

Le fil

Ici le coton Mouliné DMC a été utilisé. Il est composé de 6 brins séparables. Le nombre de brins varie selon le point et la grosseur de la toile. Multipliez le nombre de brins sur un même ouvrage pour créer des reliefs. Pour travailler le fil, coupez une longueur d'environ 50 cm, puis tirez un à un les brins nécessaires à l'aiguillée. On utilise en général 2 brins quand on prend 2 fils de la toile à chaque point, mais préférez 1 brin si vous ne brodez que sur 1 fil.

- **Le fil métallisé** se brode avec de courtes aiguillées, car, plus fragile, il a tendance à s'abîmer. Travaillez-le humide, ou associez-le à un Mouliné classique, ou bien encore, faites un nœud sous le chas de l'aiguille pour l'empêcher de rouler.
- **Le coton Perlé** est un fil torsadé, brillant, qui existe en plusieurs grosseurs ; il est particulièrement adapté au Hardanger.
- **Le coton retors mat** donne le meilleur effet pour la broderie miniature sur lin.
- **Le fil de soie**, mouliné ou non, est utilisé pour les broderies délicates sur lin ou sur gaze de soie.

Les aiguilles

Pour le point de croix, elles sont courtes, avec un bout rond et un chas large. Plus le numéro est élevé, plus l'aiguille est courte et fine. Pour broder sur un tissu fin, le chas doit être plus étroit pour ne pas marquer le tissu. Pour monter les ouvrages, utilisez des aiguilles fines, longues pour les points de bâti, demi-longues pour surfiler, et courtes pour coudre.

Les ciseaux

Les ciseaux à broder sont effilés pour couper le fil et défaire aisément les points imparfaits. La toile se coupe avec des ciseaux tailleur.

Les métiers

Le tambour à broder se compose de 2 cercles s'emboîtant l'un dans l'autre. Une main tient le tambour et l'autre travaille, en passant alternativement sous et sur la broderie. Pour débuter, un tambour de 15 cm de diamètre est idéal. Certains métiers, plus grands, se fixent sur une table ou un pied. Les points sont ainsi réguliers et serrés, mais l'ouvrage se transporte moins facilement, et la broderie manque de gonflant. Le tambour est indispensable pour broder sur la gaze de soie. Si le travail est interrompu, retirez la toile afin que les cercles ne marquent pas le tissu.

Les outils sont préparés, vous pouvez vous lancer !

La technique

La broderie

Chaque carré du diagramme représente un point à broder. Les points utilisés ici sont le point de croix, le demi-point de croix, le point de piqûre – ou point arrière –, le point lancé et le point de nœud.

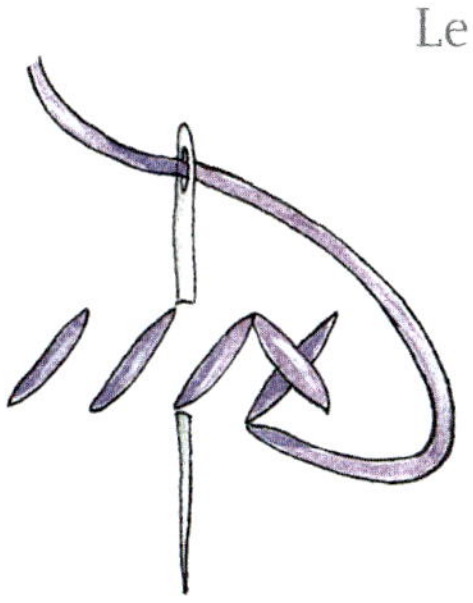

Le point de croix se brode de gauche à droite, puis de droite à gauche, pour former la croix, en réalisant les croix une à une, ou bien en brodant une rangée de points dans un sens et en revenant sur la rangée pour finir le point. Toutes les croix seront orientées dans le même sens. Pour les surfaces importantes, brodez une rangée de gauche à droite et revenez de droite à gauche en formant la croix.

Pour les broderies sur 1 fil ou en fil dégradé, travaillez les croix une à une. L'effet obtenu avec des fils nuancés variera selon que vous broderez horizontalement, verticalement ou en diagonale. Travaillez avec des aiguillées de longueurs différentes pour éviter des rayures trop marquées.

Certains modèles brodés en 2 fils comportent des points de piqûre sur 1 fil : si vous brodez en 1 fil ou sur de la toile Aïda, supprimez-les. Quand les contours et les détails sont soulignés d'un point de piqûre, sur les miniatures, brodez, si possible, le point sur 2 fils, surtout si la toile est très fine.

Le calcul des dimensions d'un motif

Avant de commencer, vous devez déterminer la dimension de tissu nécessaire. Pour connaître la surface du motif, voici la formule magique : le nombre de points du motif, divisé par le nombre de points au centimètre de la toile, donne la dimension du motif.

Le monogramme AH mesure 59 points en largeur sur 39 points en hauteur. Sur une toile Aïda 5,5 points, la broderie mesure :

- 59 points de largeur / 5,5 points au cm = 10,7 cm,
- 39 points de hauteur / 5,5 points au cm = 7,1 cm.

Si la toile compte un plus grand nombre de points au centimètre, le motif sera plus petit ; si elle en compte moins, il sera plus grand. Ainsi, sur du lin de 12 fils au cm, on obtient 9,8 x 5,5 cm en brodant sur 2 fils, mais seulement 4,9 x 2,7 cm en brodant sur 1 fil.

Le début et l'arrêt de l'aiguillée

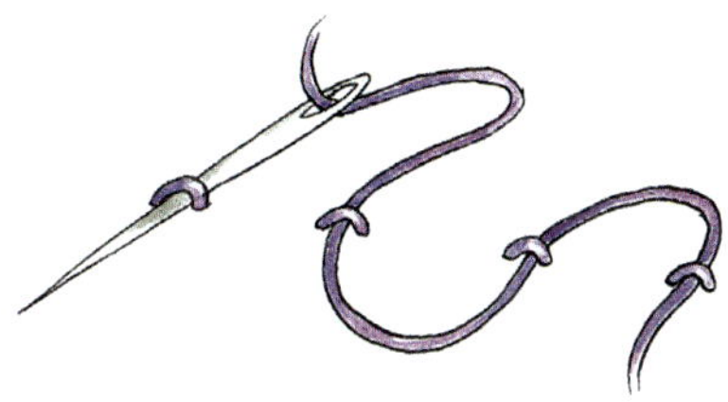

Pour commencer, le plus facile est de maintenir le fil : commencez la 1re aiguillée en laissant pendre environ 2,5 cm de fil au dos de la toile, et maintenez cette extrémité sous les 3 ou 4 premiers points qui, ainsi, bloquent et dissimulent le fil.

Pour arrêter le fil, passez l'aiguille sous l'envers de plusieurs points et coupez au ras de la toile. L'essentiel est que les fils ne se voient pas en transparence au travers de l'ouvrage.

Si le motif doit être centré, commencez la broderie par le milieu en pliant la toile en quatre.

L'entretien

Le coton DMC se lave bien, mais les rouges peuvent dégorger légèrement au 1er lavage. Lavez l'ouvrage à la main, au savon, et repassez-le très humide sur l'envers en plaçant un molleton blanc ou une serviette-éponge sur la planche.

Avec un

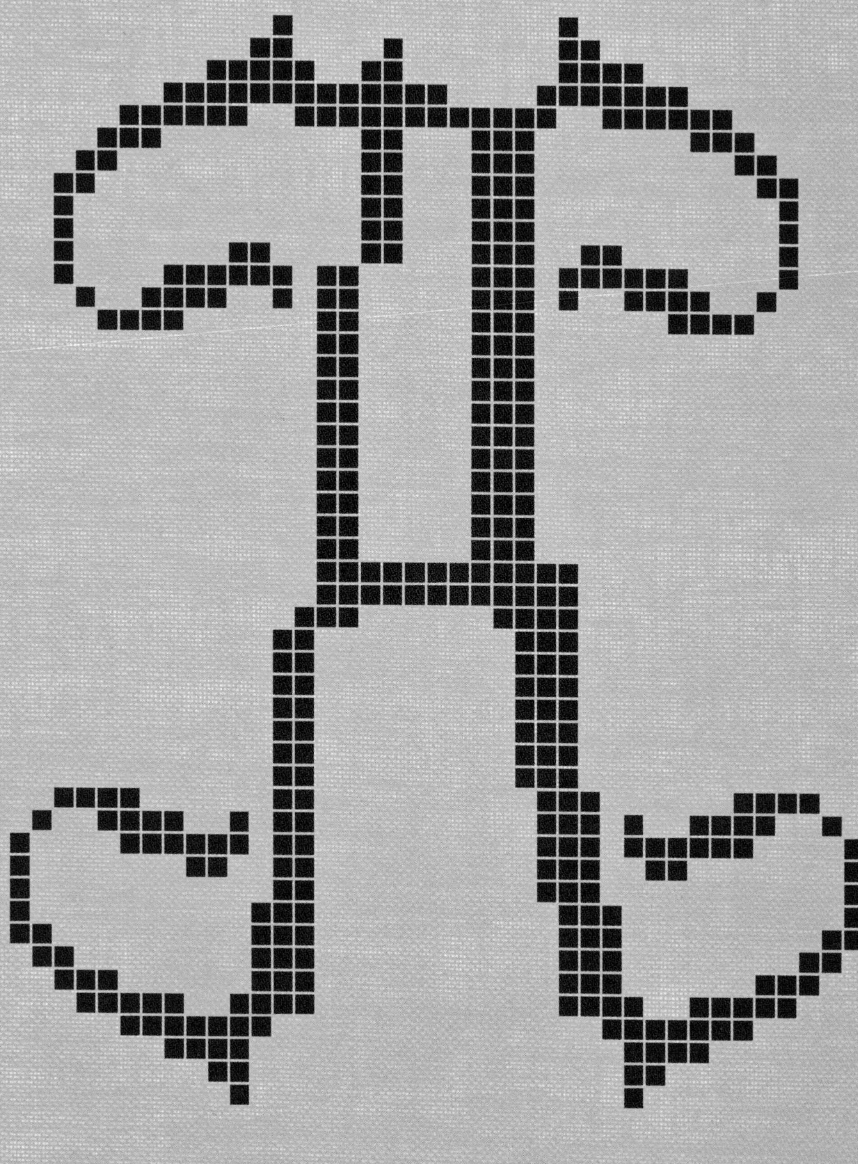

AA : 64 pts (h. 73 pts) ; AB : 54 pts (h. 67 pts) ; AC : 53 pts (h. 46 pts) ; AD : 44 pts (h. 74 pts)

AE : 38 pts (h. 51 pts) ; AF 101 pts (h. 61 pts) ; AG : 36 pts (h. 35) ; AH : 59 pts (h. 34 pts)

AI : 58 pts (h. 49 pts) ; AJ : 65 pts (h. 65 pts) ; AK : 45 pts (h. 35 pts) ; AL : 42 pts (h. 49 pts)

AM : 91 pts (h. 53 pts) ; AN : 64 pts (h.58 pts)

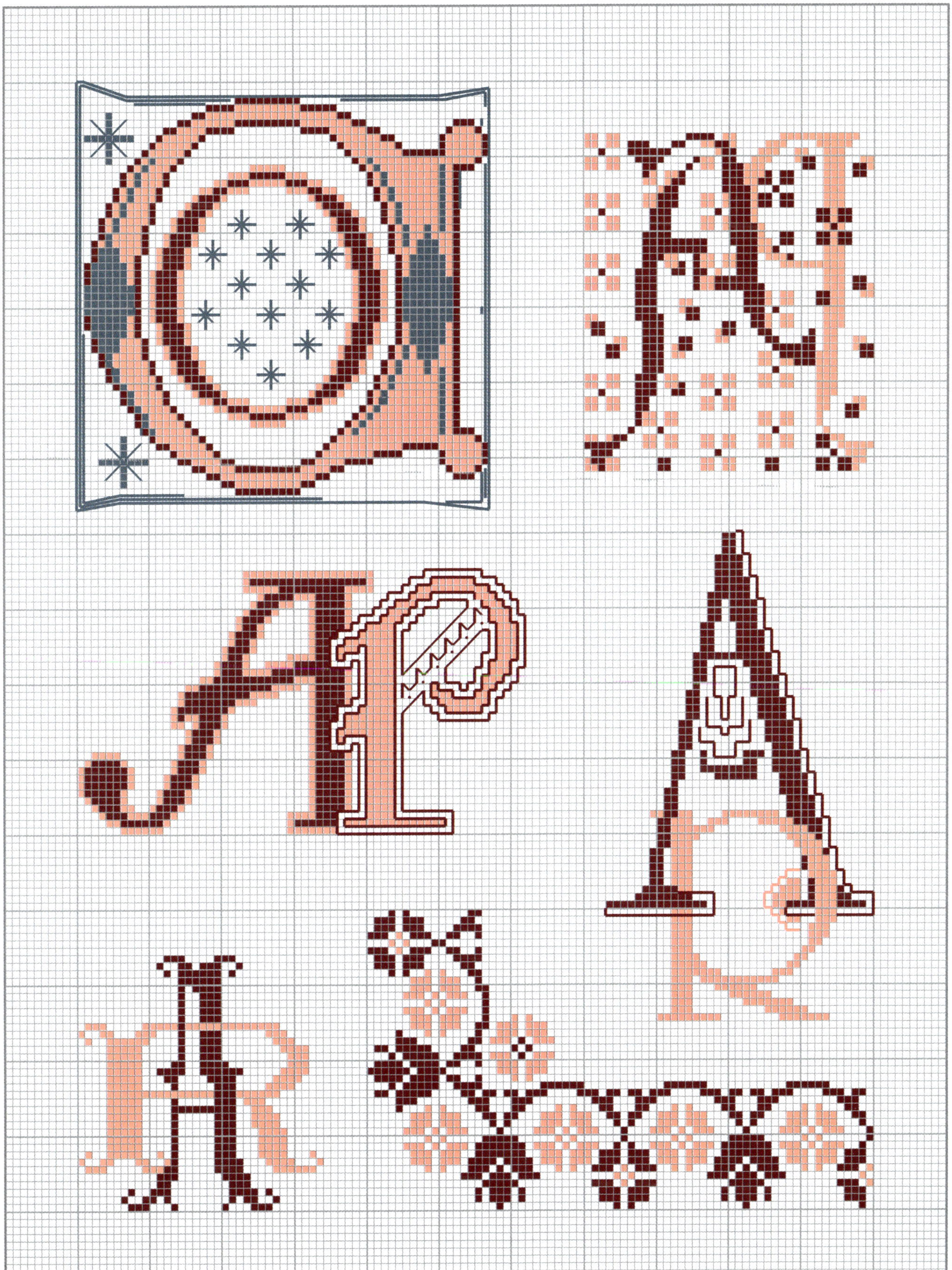

AO : 57 pts (h. 57 pts) ; AP : 62 pts (h. 35 pts) ; AQ : 40 pts (h. 45 pts) ;
AR : 37 pts (h.65 pts) ; AR : 34 pts (h.34 pts)

AS : 55 pts (h. 49 pts) ; AT : 41 pts (h. 50 pts) ; AU : 30 pts (h. 33 pts) ; AV : 45 pts (h. 45 pts) ;
AW : 51 (h. 29 pts) ; AX : 37 pts (h. 23 pts)

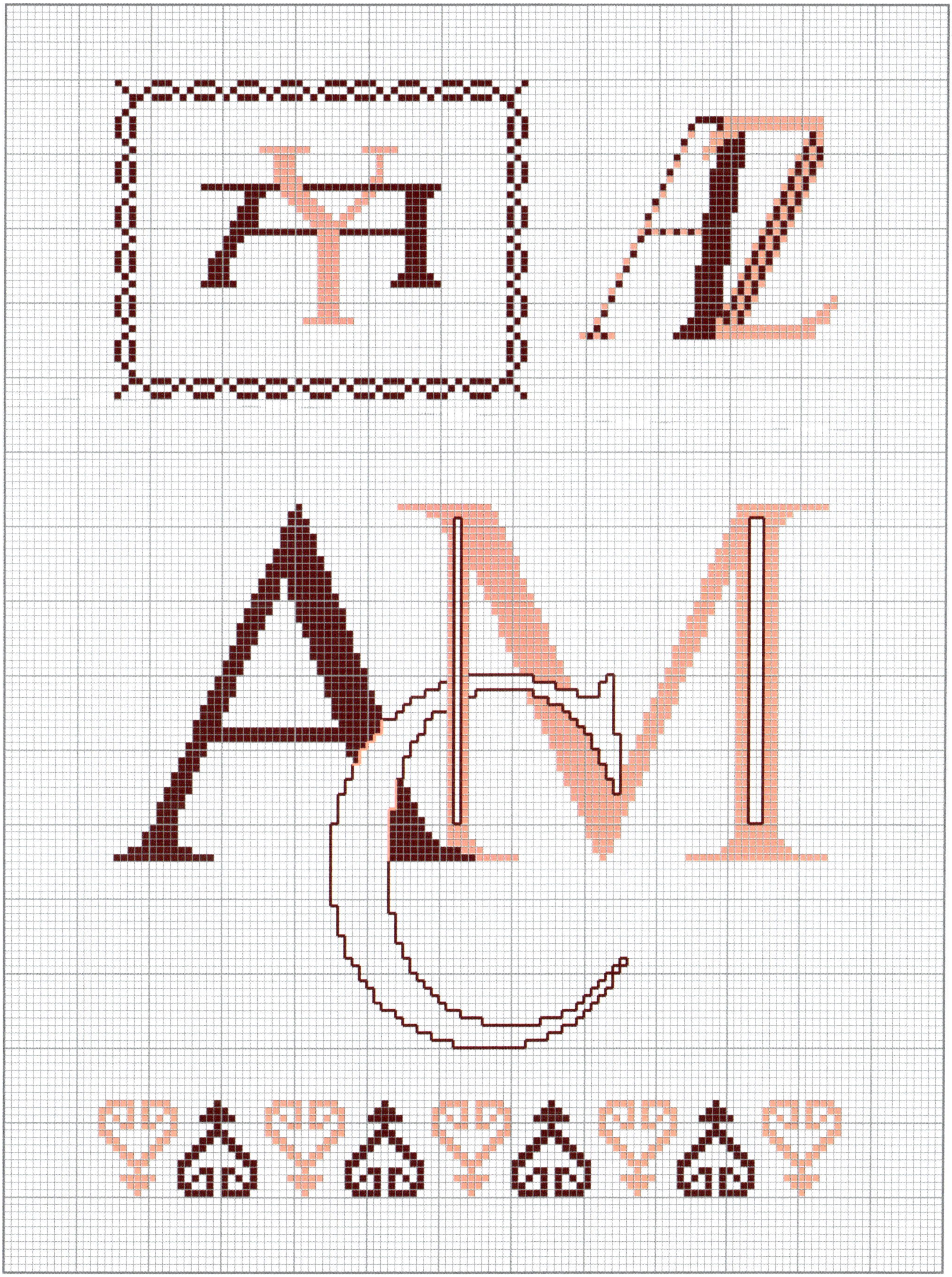

AY : 57 pts (h. 43 pts) ; AZ : 34 pts (h. 30 pts) ; AMC : 99 pts (h. 73 pts).

Boîte à secrets

Lettres d'amour ou recettes de cuisine, photos ou bien bijoux...,
conservez précieusement tous vos trésors !

1. Brodez au point de croix avec 2 brins : la lettre A en vert, le M en bordeaux, les feuillages en alternance. Soulignez les détails des lettres au point de piqûre avec 1 brin.
2. Coupez le lin aux dimensions du couvercle de la boîte en ajoutant 1 cm pour le rentré.
3. Coupez le molleton et le carton.
4. Posez le lin face brodée contre la table, le molleton, le carton et disposez quelques pinces pour maintenir les 3 morceaux. Vérifiez le centrage, repliez le rentré, collez ou agrafez.

Fournitures

- *1 boîte au couvercle évidé*
- *Du lin vert pâle*
- *Du molleton*
- *Du carton fort*
- *Des fils Mouliné DMC : bordeaux foncé 902, vert avocat 470*
- *Des pinces à dessin ou des pinces à linge*
- *Des agrafes ou de la colle pour tissu*

Dimensions

(sur une toile 12 fils/cm, brodée sur 2 fils)

- *Du monogramme : 8,6 x 4 cm*
- *De la broderie : 15,2 x 8,8 cm*

Grille p. 16

Conseil

Vous trouverez dans le commerce toutes sortes de boîtes prêtes à décorer, mais n'hésitez pas à réaliser vous-même votre boîte si vous aimez le cartonnage.

AM
STABILO CarbOthello

Avec un

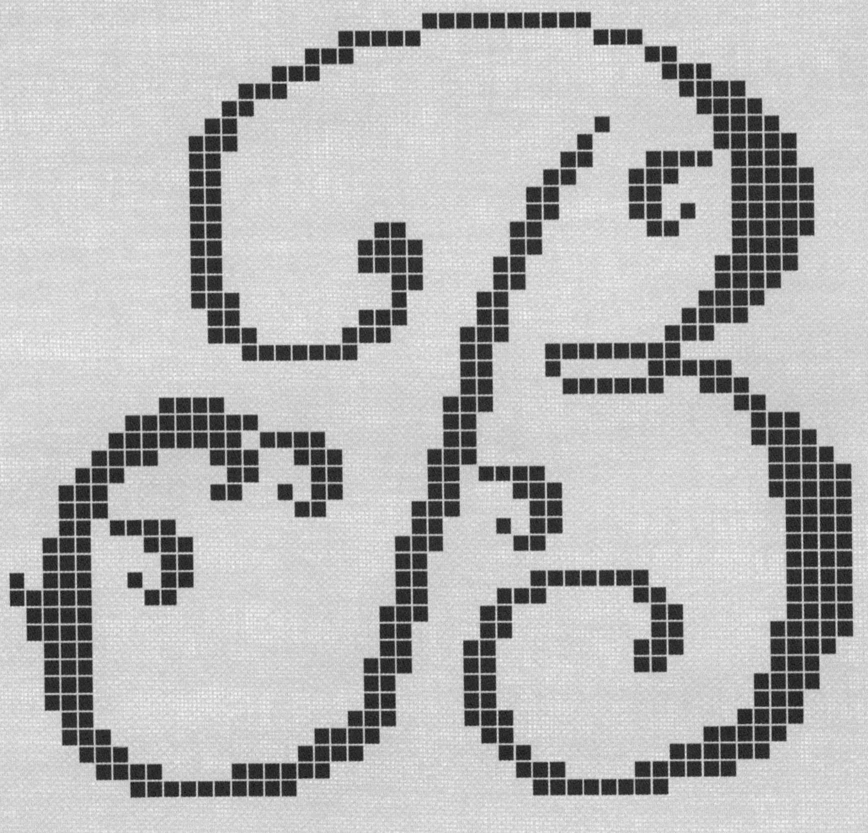

BA : 42 pts (h. 50 pts) ; BB : 61 pts (h. 40 pts) ; BB : 77 pts (h. 67 pts)

BC : 91 pts (h. 40 pts) ; BD : 96 pts (h. 89 pts)

BE : 70 pts (h. 49 pts) ; BF : 34 pts (h. 75 pts) ; BG : 44 pts (h. 36 pts) ; BH : 101 pts (h. 45 pts)

BI : 28 pts (h. 74 pts) ; BJ : 38 pts (h. 58 pts) ; BK : 20 pts (h. 73 pts) ; BL : 36 pts (h. 45 pts)

BM : 101 pts (h. 82 pts) ; BN : 100 pts (h. 52 pts)

BO : 50 pts (h. 66 pts) ; BP : 40 pts (h. 58 pts) ; BQ : 45 pts (h. 45 pts) ; BR : 62 pts (h. 69 pts)

BS : 62 pts (h. 53 pts) ; BT : 58 pts (h. 58 pts)

BU : 48 pts (h. 71 pts) ; BV : 38 pts (h. 50 pts) ; BW : 45 pts (h. 35 pts)

BX : 50 pts (h. 34 pts) ; BY 53 pts (h. 30 pts) ; BZ : 71 pts (h. 39 pts)

Délicate pochette

Les roses raffinés des motifs s'harmonisent avec la délicatesse du lin ancien : une pochette pour y glisser dessous chics ou petites ballerines.

1. Brodez au point de croix sur 2 fils avec 2 brins. Brodez les pistils des fleurs au point de piqûre avec 1 brin. Centrez la broderie, de sorte que la couture soit au milieu du dos de la pochette.
2. Repliez le lin, endroit contre endroit, et piquez la couture du fond et la couture verticale.
3. Faites un rentré de 0,5 cm, et repliez 2 cm sur l'envers. Piquez la couture en laissant l'ouverture aux 2 extrémités pour fixer le ruban.
4. Retournez la pochette, et repliez les pointes sur 2 cm pour donner une jolie forme ; fixez-les à petits points.
5. Cachez la couture du revers par un point de croix brodé sur l'endroit, et passez le ruban dans le revers.

Fournitures

- *Du lin rose ancien (de préférence) vieux rose*
- *Du ruban assorti*
- *Des fils Mouliné DMC : mauve 3726 (lettres), violet 3740 (point de piqûre), rose 3833 (fleurs)*
- *Du fil à coudre rose*

Dimensions

(sur une toile 12 fils/cm, brodée sur 2 fils)

- *Du monogramme : 7,16 x 6,8 cm*
- *De la broderie : 10,3 x 11,5 cm*

Grille p. 28

Idée déco

Le lin ancien est facile à trouver et offre un rendu inimitable. Vous pourrez en acheter chez les antiquaires, dans les friperies, les vide-greniers et les brocantes.

Avec un

CA : 106 pts (h : 109 pts)

CB : 74 pts (h. 75 pts) ; CC : 58 pts (h. 50 pts)

CD : 59 pts (h. 42 pts) ; CE : 40 pts (h. 60 pts) ; CF : 31 pts (h. 56 pts)

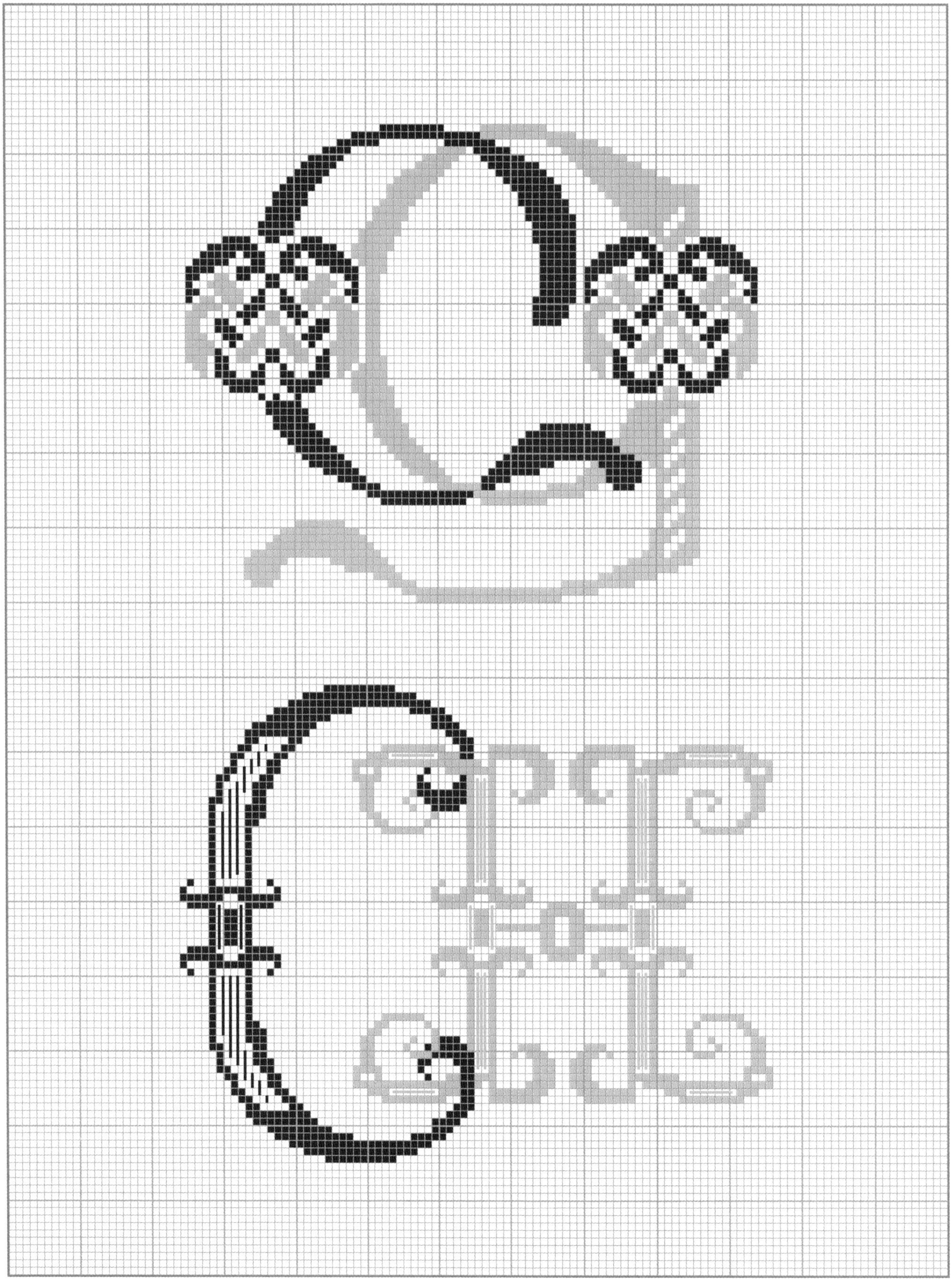

CG : 79 pts (h. 64 pts) ; CH : 82 pts (h. 64 pts)

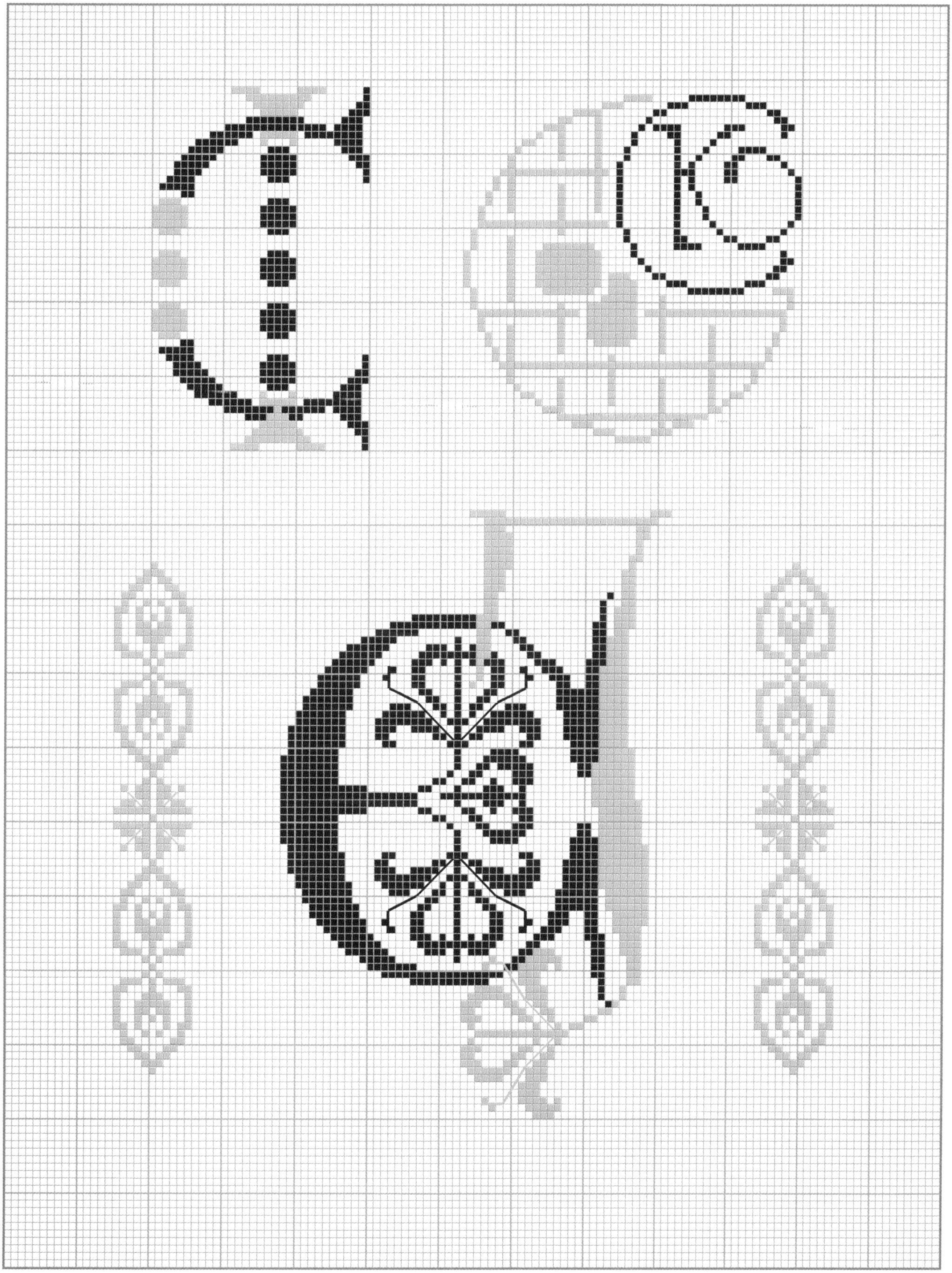

CI : 30 pts (h. 50 pts) ; CJ : 54 pts (h. 82 pts) ; CK : 47 pts (h. 47 pts)

CL : 59 pts (h. 37 pts) ; CM : 56 pts (h. 49 pts) ; CN : 68 pts (h. 50 pts)

CO : 80 pts (h. 42 pts) ; CP : 90 pts (h. 59 pts) ; CQ : 57 pts (h : 24 pts)

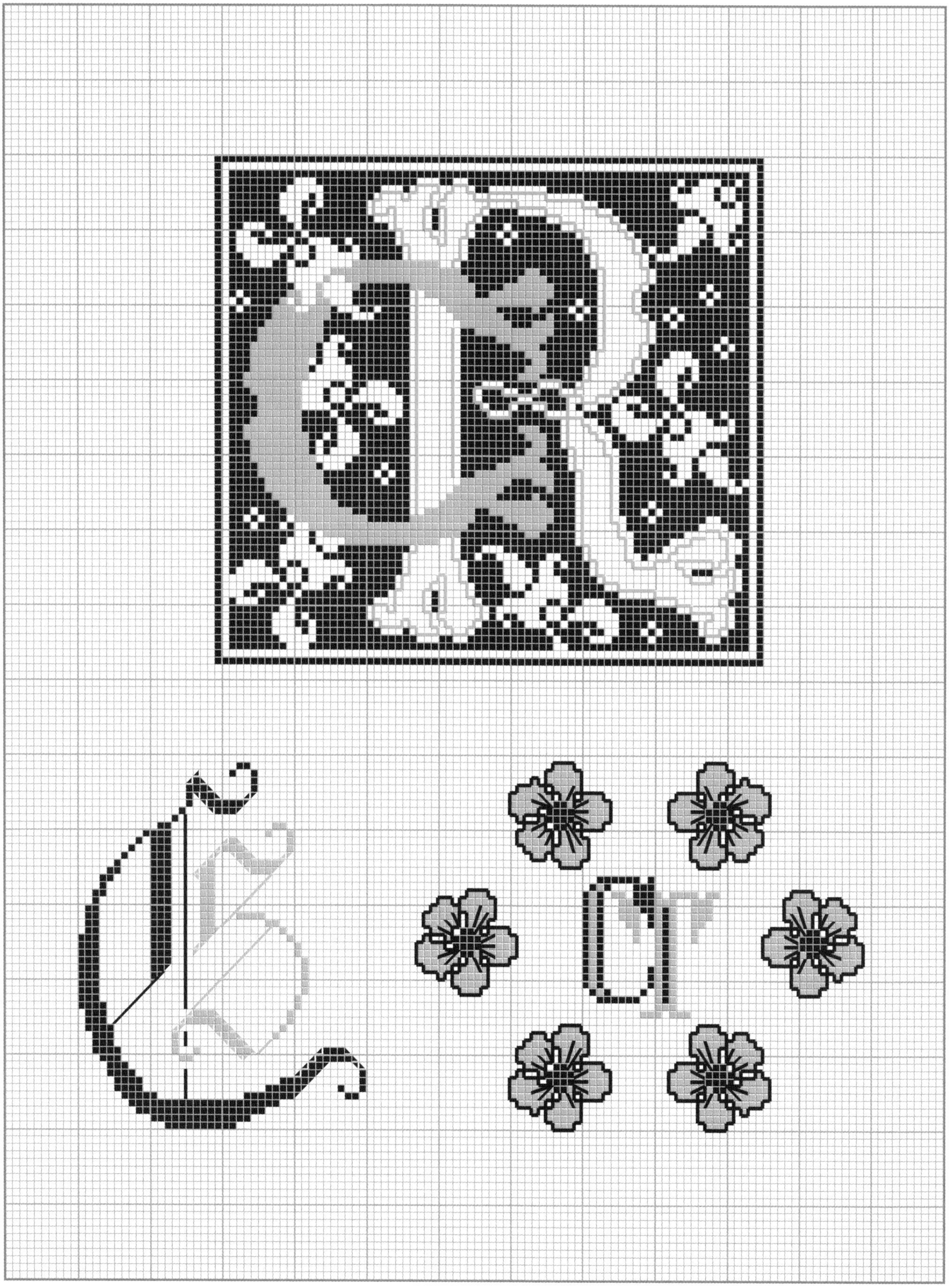

CR : 76 pts (h. 68 pts) ; CS : 40 pts (h. 49 pts) ; CT : 62 pts (h. 49 pts)

CU : 38 pts (h. 52 pts) ; CV : 58 pts (h. 42 pts) ; CV : 41 pts (h. 27 pts) ; CW : 46 pts (h. 43 pts)

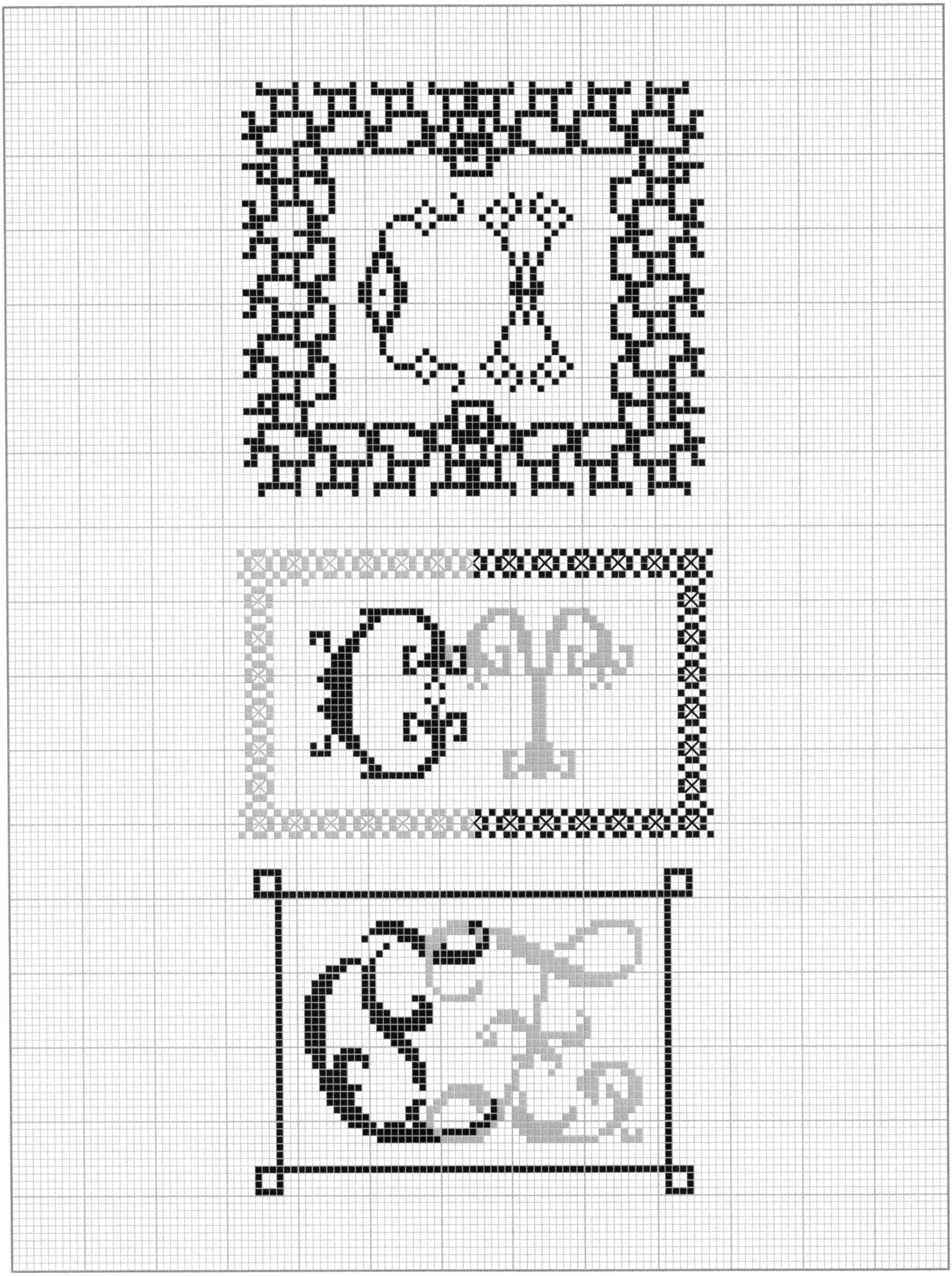

CX : 64 pts (h. 56 pts) ; CY : 66 pts (h. 39 pts) ; CZ : 61 pts (h. 44 pts)

CHN : 112 pts (H. 78 pts) ; CHT : 112 pts (h. 78 pts) ; CMP : 13 pts (h. 20 pts) ; CMJ : 16 pts (h. 15 pts) ; CHO : 11 pts (h. 20 pts)

Jolis carreaux

Un simple torchon prend une tout autre allure avec ces lettres entrelacées aux couleurs flamboyantes.

1. Brodez au point de croix sur 2 fils avec 2 brins, et au point de piqûre avec 1 brin.
2. Faites un rentré de 0,5 cm et piquez un ourlet de 1 cm.

Fournitures

- *Du lin blanc ou à carreaux : 45 x 75 cm*
- *Des fils Mouliné DMC : bordeaux foncé 902, bleu 3842*
- *Du fil à coudre*

Dimensions

(sur une toile 12 fils/cm, brodée sur 2 fils)

- *Du monogramme : 5,6 x 10,2 cm*

Grille p. 37

Idée déco

Vous pouvez souligner les initiales en brodant une frise sur un côté ou tout autour du torchon.

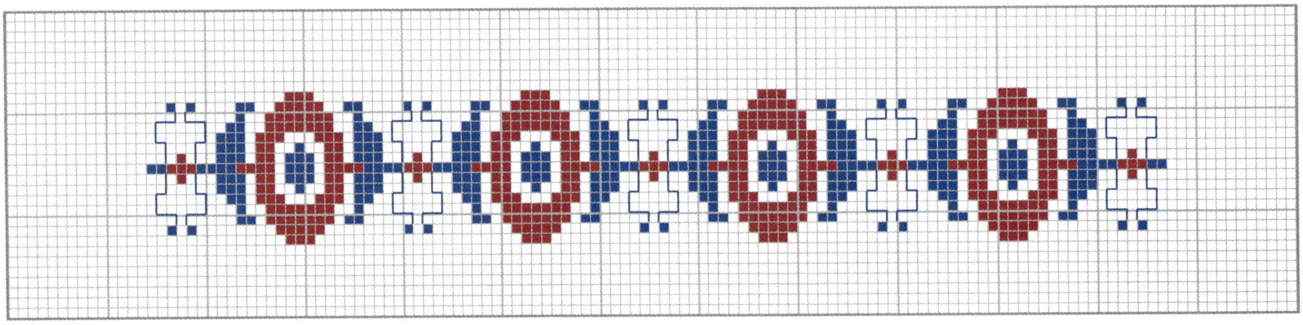

Point de croix 2 brins

■ 902
■ 3842

Point de piqûre 1 brin

— 3842

Avec un

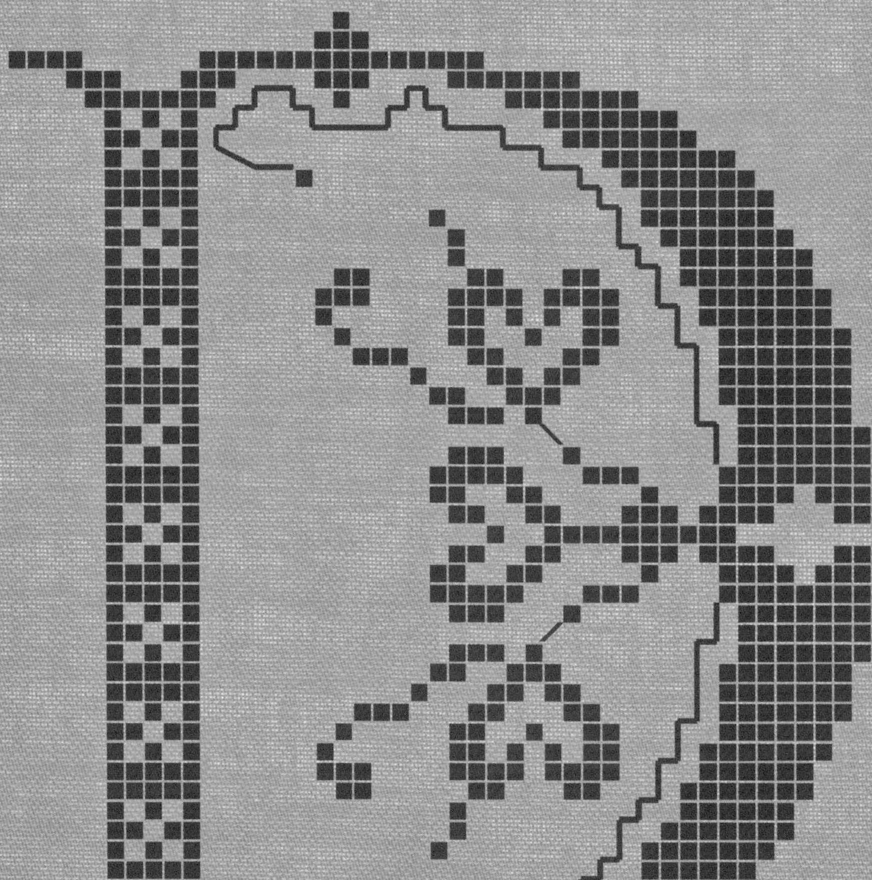

DA : 70 pts (h. 50 pts) ; DB : 78 pts (h. 54 pts)

DC : 88 pts (h. 49 pts) ; DD : 21 pts (h. 41 pts) ; DE : 59 pts (h. 30 pts) ;
DF : 22 pts (h. 34 pts) ; DG : 41 pts (h. 28 pts)

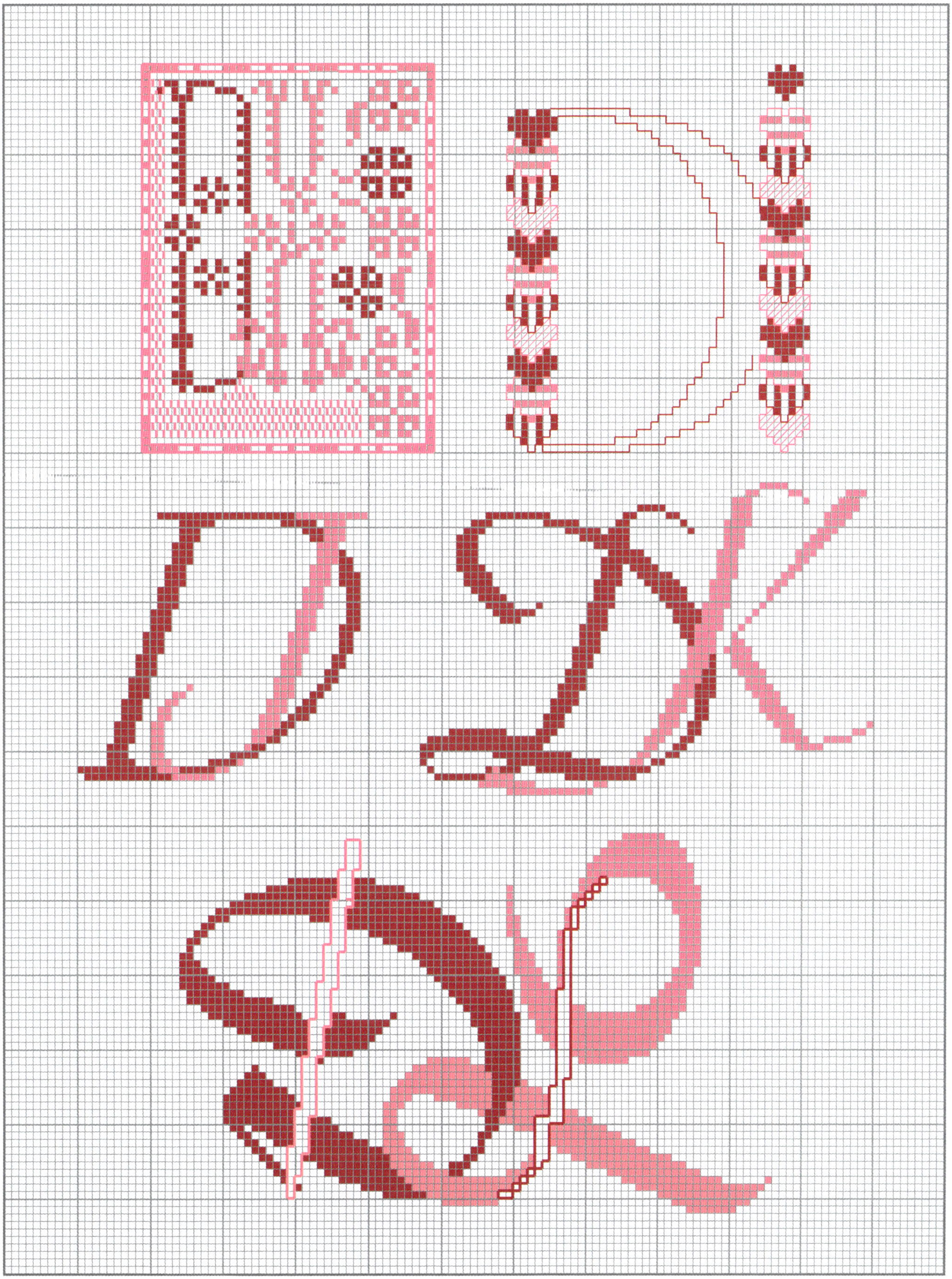

DH : 40 pts (h. 52 pts) ; DI : 42 pts (h. 52 pts) ; DJ : 40 pts (h. 36 pts) ;
DK : 63 pts (h. 42 pts) ; DL : 82 (h. 51 pts)

DM : 122 pts (h.113 pts)

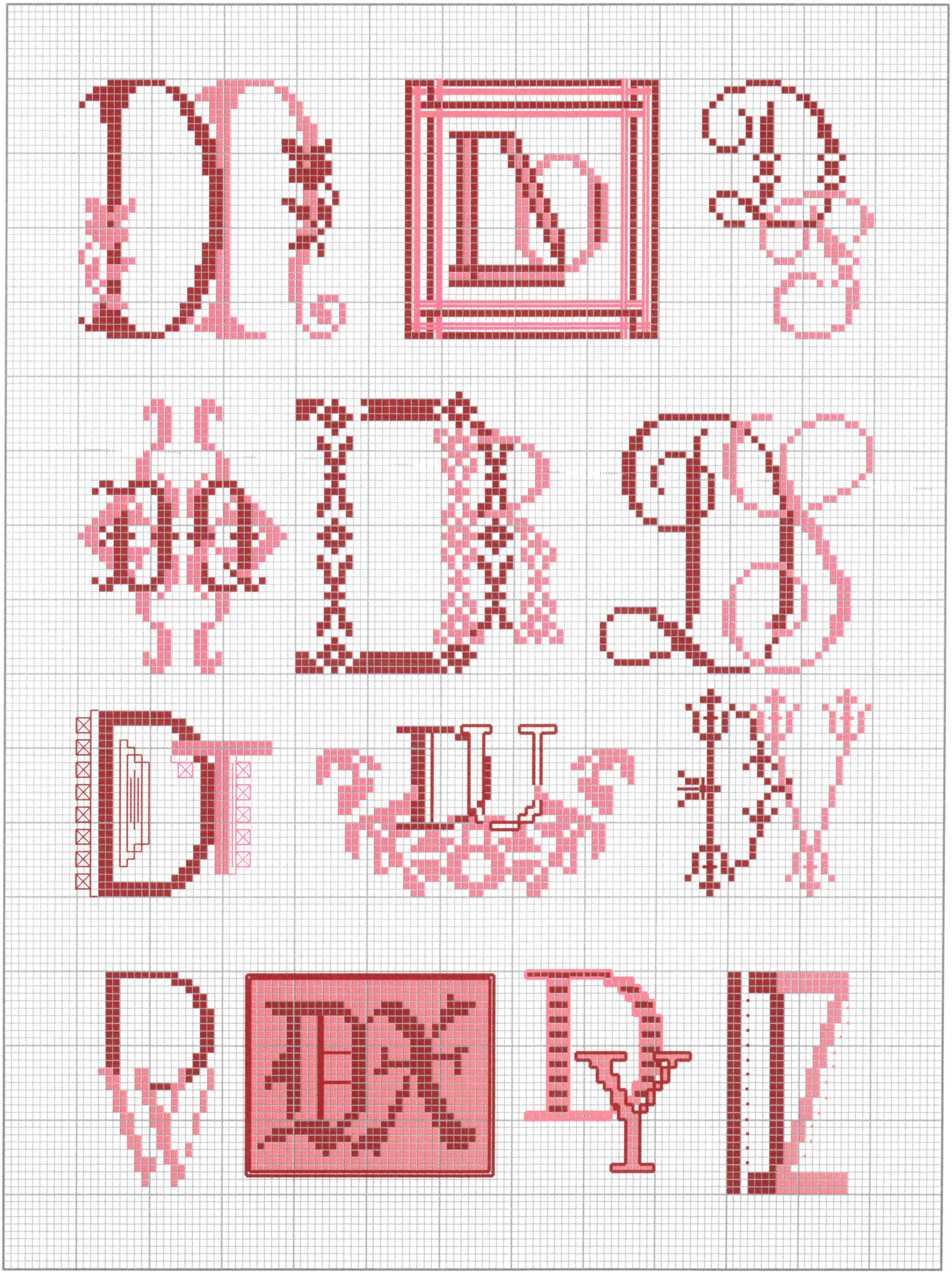

DN : 37 pts (h. 25 pts) ; DO : 35 pts (h. 35 pts) ; DP : 24 pts (h. 35 pts) ; DQ : 29 pts (h. 37 pts) ; DR : 37 pts (h. 37 pts) ; DS : 38 pts (h. 35 pts) ; DT : 27 pts (h. 25 pts) ; DU : 44 pts (h. 23 pts) ; DV : 27 pts (h. 28 pts) ; DW : 15 pts (h. 29 pts) ; DX : 35 pts (h. 28 pts) ; DY : 23 pts (h. 27 pts) ; DZ : 17 pts (h. 30 pts)

Avec un

EA : 59 pts (h. 61 pts) ; EB : 61 pts (h. 69 pts) ; EC : 57 pts (h. 42 pts)

ED : 74 pts (h. 70 pts) ; EE : 98 pts (h. 16 pts) ; EF : 44 pts (h. 51 pts) ; EG : 44 pts (h. 41 pts)

EG : 44 pts (h. 41 pts) ; EH : 32 pts (h. 31 pts) ; EI : 26 pts (h. 80 pts) ; EJ : 95 pts (h. 60 pts)

EK : 64 pts (h. 50 pts) ; EL : 27 pts (h. 38 pts) ; EM : 74 pts (h. 36 pts) ; EN : pts (h. 35 pts) ; EO : 55 pts (h. 38 pts)

EP : 65 pts (h. 65 pts) ; EQ : 30 pts (h. 56 pts) ; ER : 38 pts (h. 92 pts) ;
ES : 61 pts (h. 23) ; ET : 51 pts (h. 59 pts)

EU : 60 pts (h. 94 pts) ; EV : 47 pts (h. 28 pts) ; EW : 58 pts (h. 38 pts)

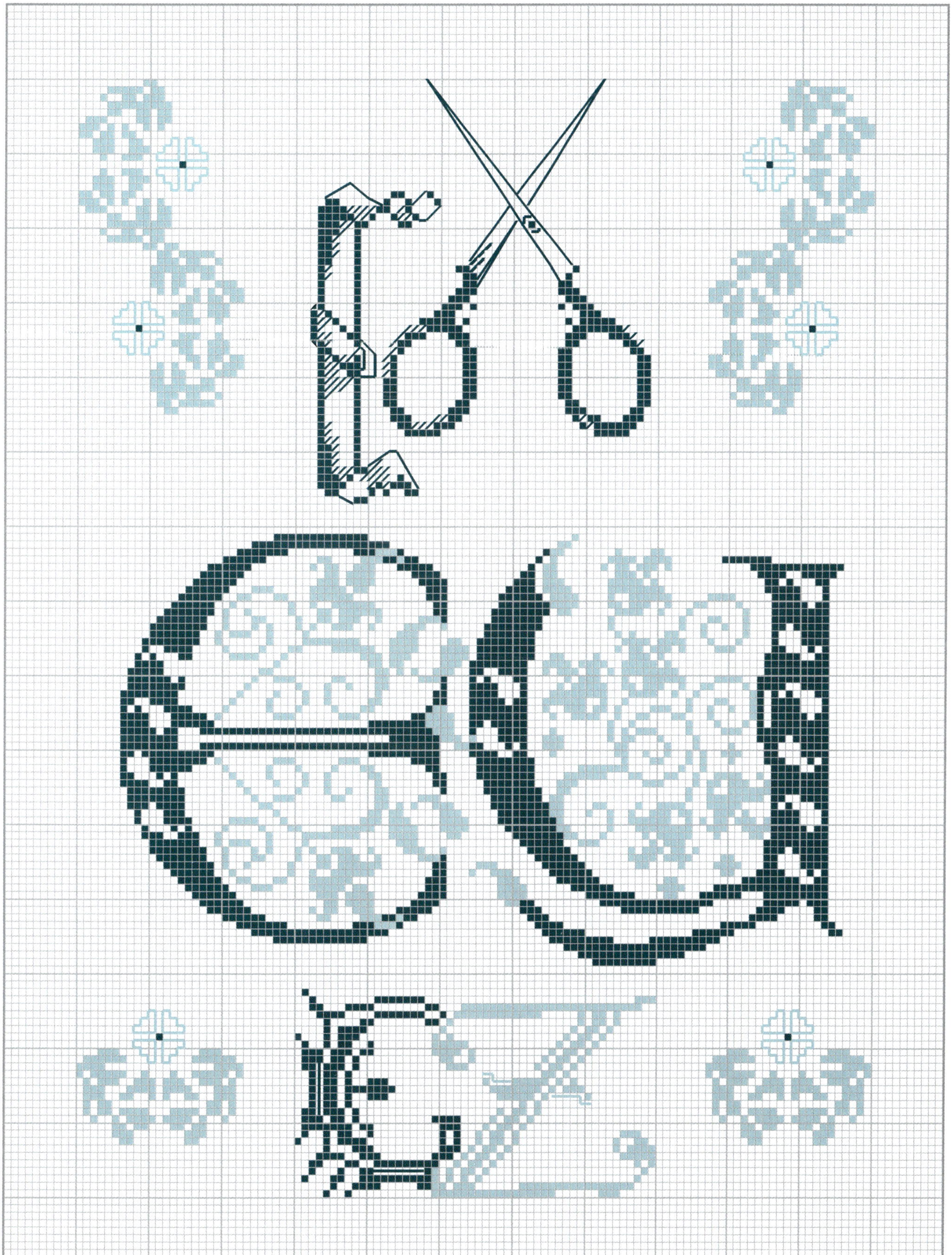

EX : 46 pts (h. 57 pts) ; EY : 100 pts (h. 50 pts) ; EZ : 58 pts (h. 28 pts)

Un dîner raffiné

Les lettres précieuses et la frise joliment ouvragée illuminent toutes les tables de fête.

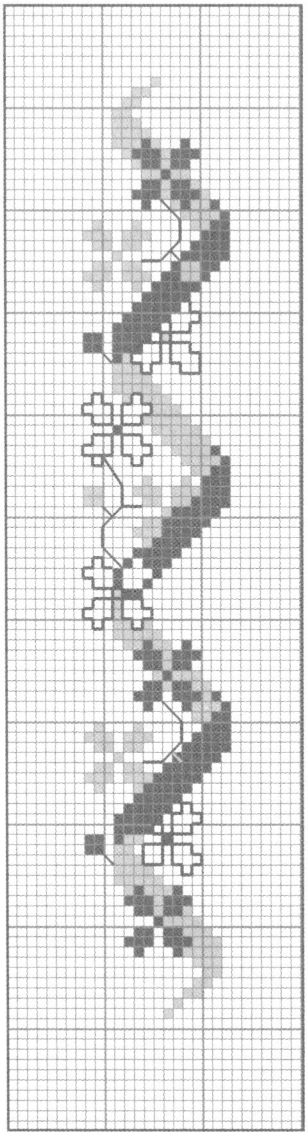

Fournitures

- *Du lin blanc : 45 x 75 cm*
- *Des fils Mouliné DMC : gris perle 762, gris chrome 415*
- *Du fil à coudre*

Dimensions

(sur une toile 12 fils/cm, brodée sur 2 fils)

- *Du monogramme : 7 x 16 cm*
- *Du motif central : 5,5 x 16 cm*

Grille p. 59

1. Brodez le monogramme à 5 cm du bord inférieur et du bord droit, puis en miroir à l'autre extrémité, au point de croix et au point de piqûre. Le point de croix est brodé sur 2 fils avec 2 brins de Mouliné et le point de piqûre avec 1 brin.

2. Passez un fil de bâti au milieu de l'ouvrage sur la largeur et la hauteur, pour placer le motif central (grille ci-contre). Brodez-le au point de croix et au point de piqûre.

Point de croix 2 brins	*Point de piqûre 1 brin*
■ 415	— 415
■ 762	

Avec un

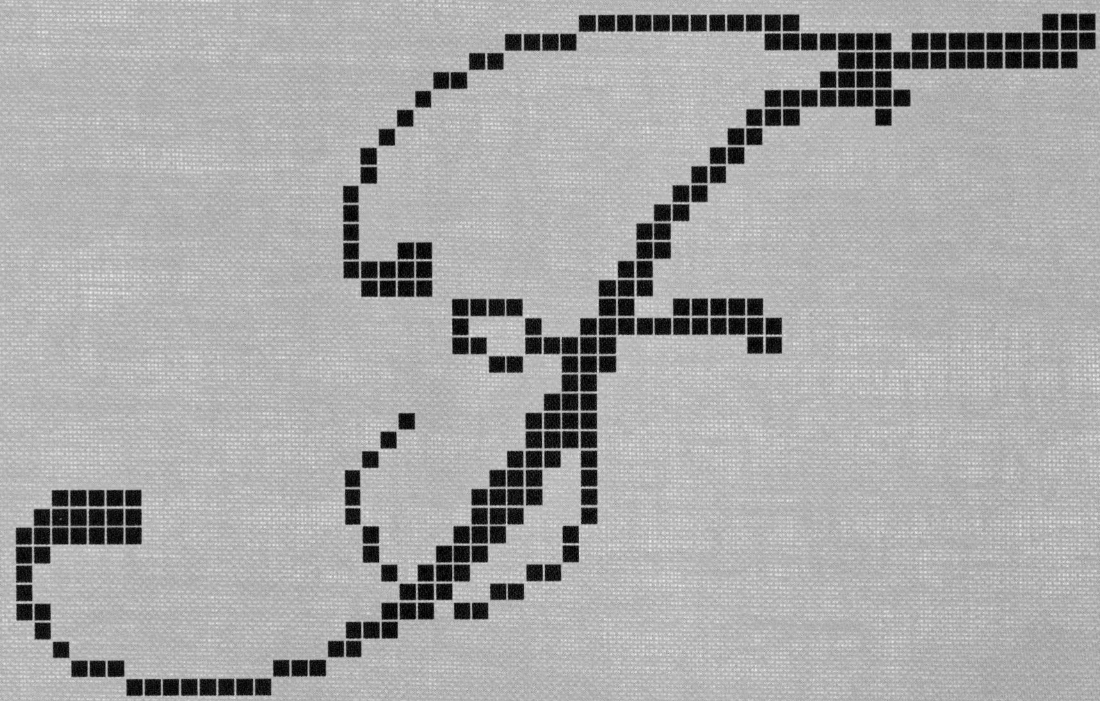

FA : 61 pts (h. 49 pts) ; FB : 42 pts (h. 40 pts) ; FC : 79 pts (h. 36 pts) ; FD : 78 pts (h. 51 pts)

FE : 63 pts (h. 75 pts) ; FF : 38 pts (h. 54 pts) ; FG : 38 pts (h. 54 pts) ; FH : 42 pts (h. 92 pts)

FI : 32 pts (h. 35 pts) ; FJ : 58 pts (h. 52 pts) ; FK : 29 pts (h. 40 pts) ; FL : 40 pts (h. 40 pts) ;
FM : 33 pts (h. 42 pts) ; FN : 55 pts (h. 38 pts) ; FO : (46 pts (h. 38 pts)

FP : 82 pts (h. 62 pts) ; FQ : 20 pts (h. 60 pts) ; FR : 98 pts (h. 63 pts)

FS : 48 pts (h. 48 pts) ; FT : 35 pts (h. 41 pts) ; FU : 27 pts (h. 18 pts) ; FV : 44 pts (h. 36 pts) ; FW : 23 pts (h. 50 pts) ; FX : 35 pts (h. 35 pts) ; FY : 31 pts (h. 26 pts) FZ : 27 pts (h. 24 pts)

Pliage

Plié tel un origami, un sac étonnant qui multiplie les effets : beauté de l'imprimé, éclat des couleurs et élégance de la broderie.

1. Trempez les 2 tissus dans l'eau froide pendant quelques heures. Ainsi, vous n'aurez pas de mauvaise surprise lors du lavage due à un retrait éventuel d'un des tissus utilisés.
2. Brodez au point de croix le monogramme sur le lin, sur 2 fils avec 2 brins : l'une des 2 lettres en ficelle, l'autre en blanc. Brodez les feuillages en ficelle.
3. Coupez dans chacun des tissus un carré de 60 cm de côté et une bande de 10 x 60 cm.
4. Faites un petit rentré sur les 2 bandes, aplatissez au fer et bâtissez-les envers contre envers. Piquez au bord. Faites un petit rentré sur les carrés, aplatissez au fer et bâtissez les envers contre envers. Assemblez les carrés en piquant au plus près du bord.
5. Pliez le carré en deux le long d'une diagonale, et, en tenant les 2 angles, faites revenir les 2 autres angles pour former le fond du sac. Piquez à mi-hauteur.
6. Fixez l'anse sur 2 côtés opposés.
7. Appliquez la broderie sur le sac, à l'endroit de votre choix.

Fournitures

- *2 rectangles de tissu : 60 x 70 cm*
- *1 rectangle de lin bordeaux : 18 x 15 cm*
- *Du fil Mouliné DMC : ficelle n° 613, blanc*
- *Du fil à coudre*

Dimensions

(sur une toile 12 fils/cm, brodé sur 2 fils)

- *Du monogramme : 13,7 x 10,2 cm*

Grille p. 68

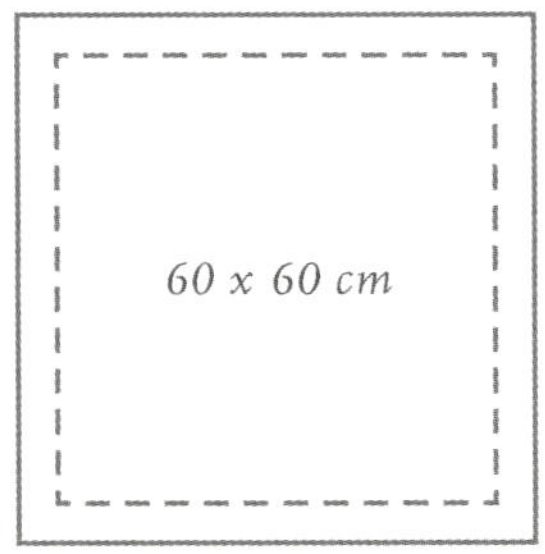

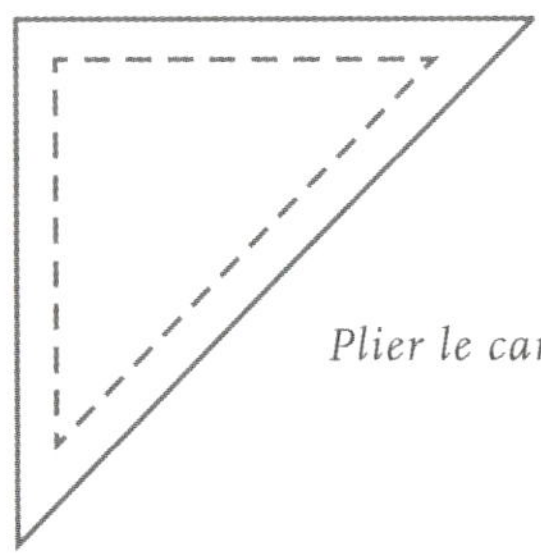

Plier le carré en deux

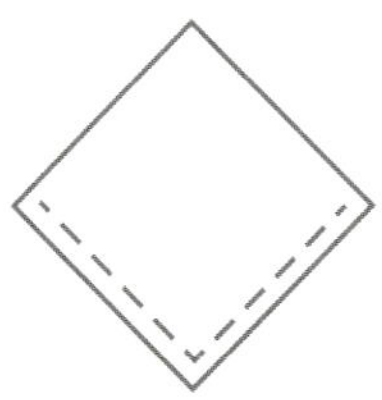

Replier les angles sur le triangle

Avec un

GA : 70 pts (h. 73 pts) ; GB : 110 pts (h. 52 pts)

GC : 73 pts (h. 73 pts) ; GD : 66 pts (h. 68 pts)

GE : 59 pts (h. 59 pts) ; GF : 46 pts (h. 79 pts) ; GG : 44 pts (h. 69 pts)

GH : 48 pts (h. 38 pts) ; GI : 51 pts (h. 36 pts) ; GJ : 101 pts (h. 48 pts) ; GK : 59 pts (h. 52 pts) ; GL : 49 pts (h. 45 pts)

GM : 83 pts (h. 62 pts) ; GN : 103 pts (h. 50 pts)

GO : 73 pts (h. 39 pts) ; GP : 65 pts (h. 63 pts) ; GQ : 28 pts (h. 63 pts) ;
GR : 36 pts (h. 32 pts) ; GS : 39 pts (h. 32 pts)

GT : 64 pts (h. 48 pts) ; GU 49 pts (h. 35 pts) ; GV : 70 pts (h. 53 pts) ; GW : 31 pts (h. 53 pts) ; GX : 47 pts (h. 28 pts) ; GY : 35 pts (h. 38 pts) ; GZ : 31 pts (h. 37 pts)

Avec un

HA : 76 pts (h. 76 pts) ; HB : 61 pts (h. 49 pts) ; HC : 30 pts (h. 50 pts)

HD : 46 pts (h. 35 pts) ; HE : 62 pts (h. 55 pts) ; HF : 113 pts (h. 53 pts)

HG : 41 pts (h. 80 pts) ; HH : 57 pts (h. 44 pts) ; HI : 45 pts (h. 80 pts) ; HJ : 53 pts (h. 41 pts)

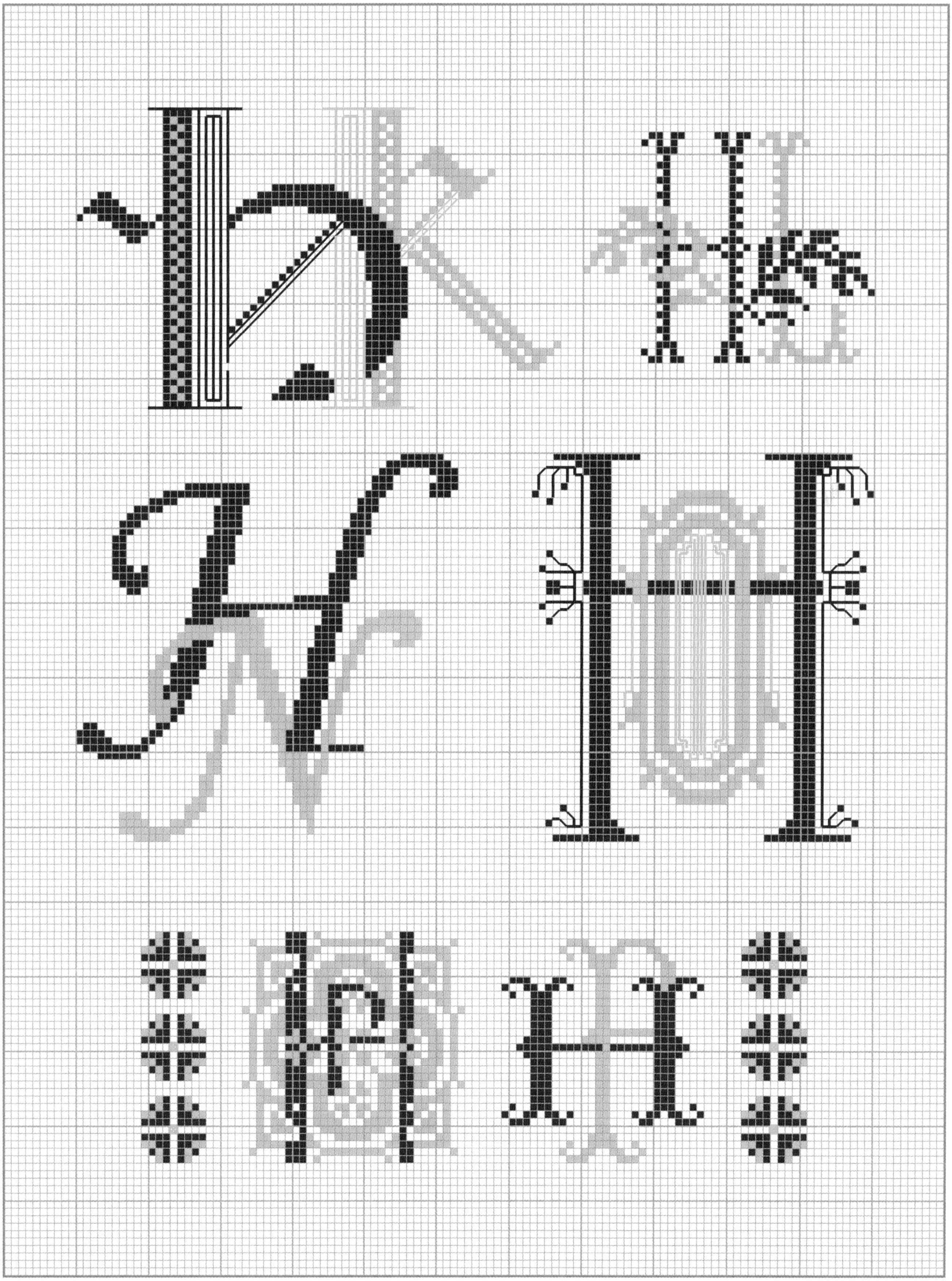

HK : 67 pts (h. 40 pts) ; HL : 40 pts (h. 31 pts) ; HN : 53 pts (h. 52 pts) ; HO : 47 pts (h. 52 pts) ; HP : 30 pts (h. 31 pts) ; HP : 28 pts (h. 30 pts)

HM : 106 pts (h. 96 pts)

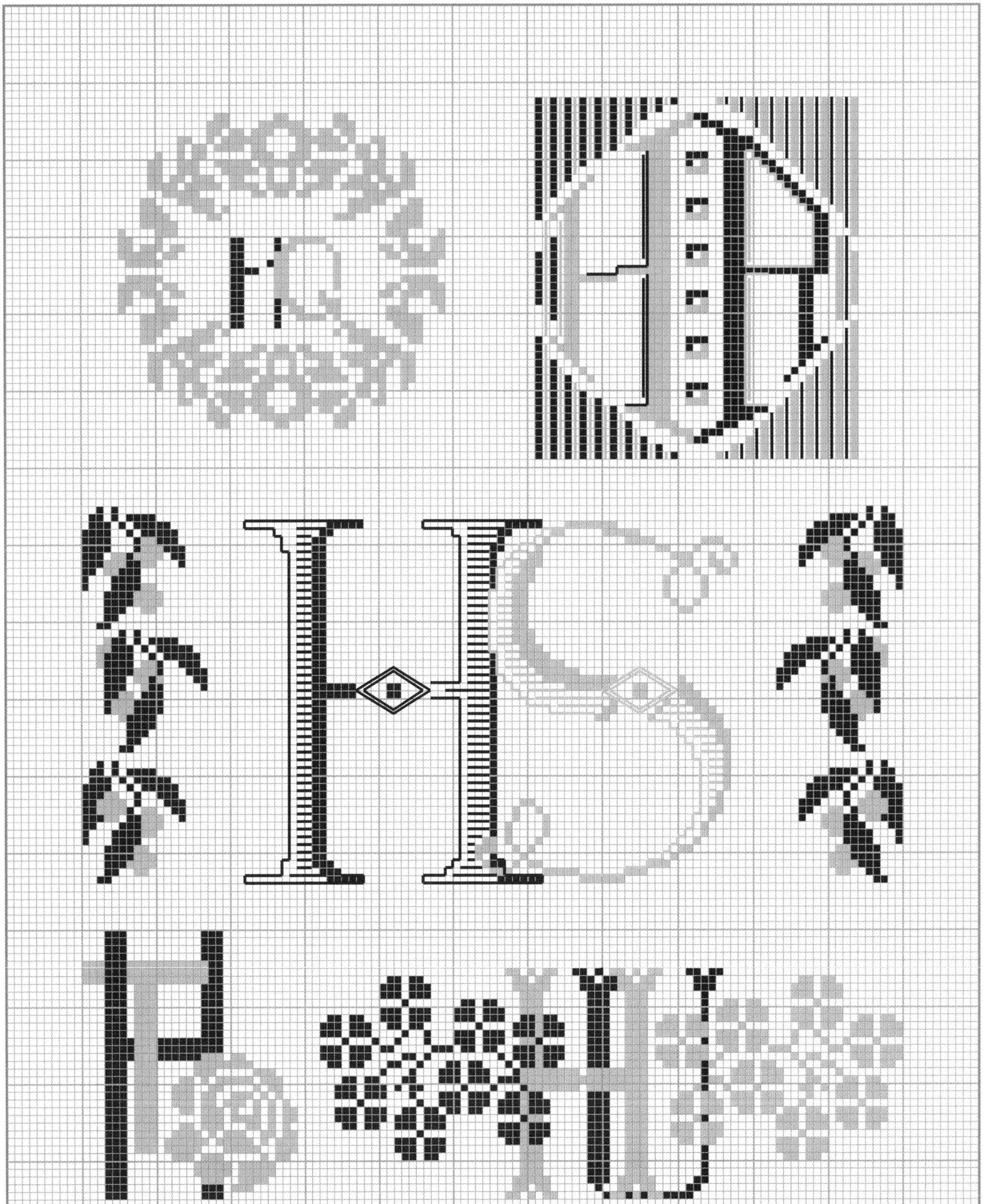

HQ : 44 pts (h. 41 pts) ; HR : 43 pts (h. 47 pts) ; HS : 66 pts (h. 47 pts) ;
HT : 29 pts (h. 35 pts) ; HU : 78 pts (h. 30 pts)

HV : 47 pts (h. 35 pts) ; HW : 40 pts (h. 30 pts) ; HX : 40 pts (h. 30 pts) ;
HY : 53 pts (h. 37 pts) ; HZ : 79 pts (h. 46 pts)

Pour le grand jour...

Brodées de fils irisés et brillants, les lettres scintillent et rehaussent tout en nuances l'or des alliances.

1. Coupez 2 carrés de lin de 12,5 cm de côté.
2. Sur l'un des morceaux, brodez le monogramme centré, sur 1 fil avec 1 brin. Brodez l'une des 2 lettres en blanc brillant, le reste du motif avec le Mouliné blanc irisé (pour travailler ce fil, coupez des aiguillées courtes).
3. Fixez un petit morceau de ruban plié en deux de chaque côté de la broderie à 1/3 de la pointe du cœur pour attacher les alliances.
4. Assemblez les carrés, endroit contre endroit, et piquez à 0,5 cm du bord en laissant une petite ouverture pour glisser la bourre.
5. Retournez le coussin, bourrez et fermez à petits points glissés.

Fournitures

- *Du lin coloris naturel*
- *Des fils Mouliné DMC : blanc brillant B5200, blanc irisé E5200*
- *Du fil à coudre*
- *De la ouate ou du polyester pour rembourrer*
- *Du ruban blanc fin*

Dimensions

(sur une toile 12 fils/cm, brodée sur 2 fils)

- *Du monogramme : 4,41 x 3,75 cm*
- *De la broderie : 8,8 x 8 cm*

Grille p. 85

Avec un

IA : 39 pts (h. 39 pts) ; IB : 35 pts (h. 33 pts) ; IC : 25 pts (h. 40 pts) ; ID : 26 pts (h. 50 pts) ;
IE : 36 pts (h. 50 pts) ; IF : 62 pts (h. 50 pts) ; IG : 32 pts (h. 49 pts) ;
IH : 31 pts (h. 50 pts) ; II : 32 pts (h. 50 pts)

IJ : 110 pts (h. 56 pts) ; IK : 110 pts (h. 57 pts)

IL : 63 pts (h. 63 pts) ; IM : 49 pts (h. 62 pts)

IN : 29 pts (h. 42 pts) ; IO : 57 pts (h. 37 pts) ; IP : 46 pts (h. 30 pts) IQ : 40 pts (h. 30 pts) ;
IR : 54 pts (h. 67 pts) ; IS : 50 pts (h. 48 pts)

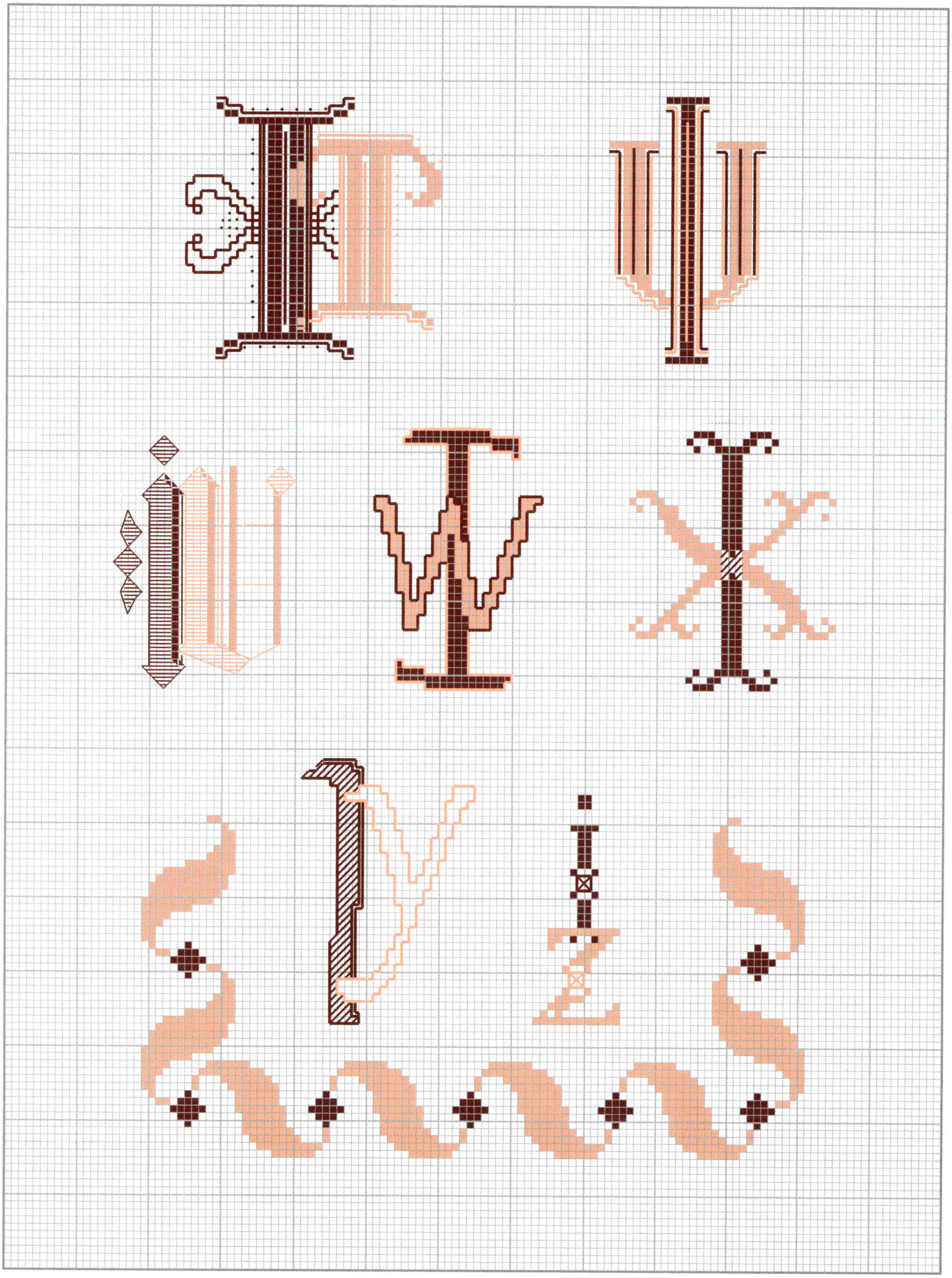

IT : 35 pts (h. 36 pts) ; IU : 27 pts (h. 36 pts) ; IV : 25 pts (h. 34 pts) ; IW : 23 pts (34 pts) ; IX : 29 pts (h. 35 pts) ; IY : 24 pts (36 pts) ; IZ : 12 pts (h. 31 pts)

IED : 111 pts (h. 50 pts) ; ILB : 72 pts (h. 70 pts)

ILS : 134 pts (h. 54 pts)

Avec un

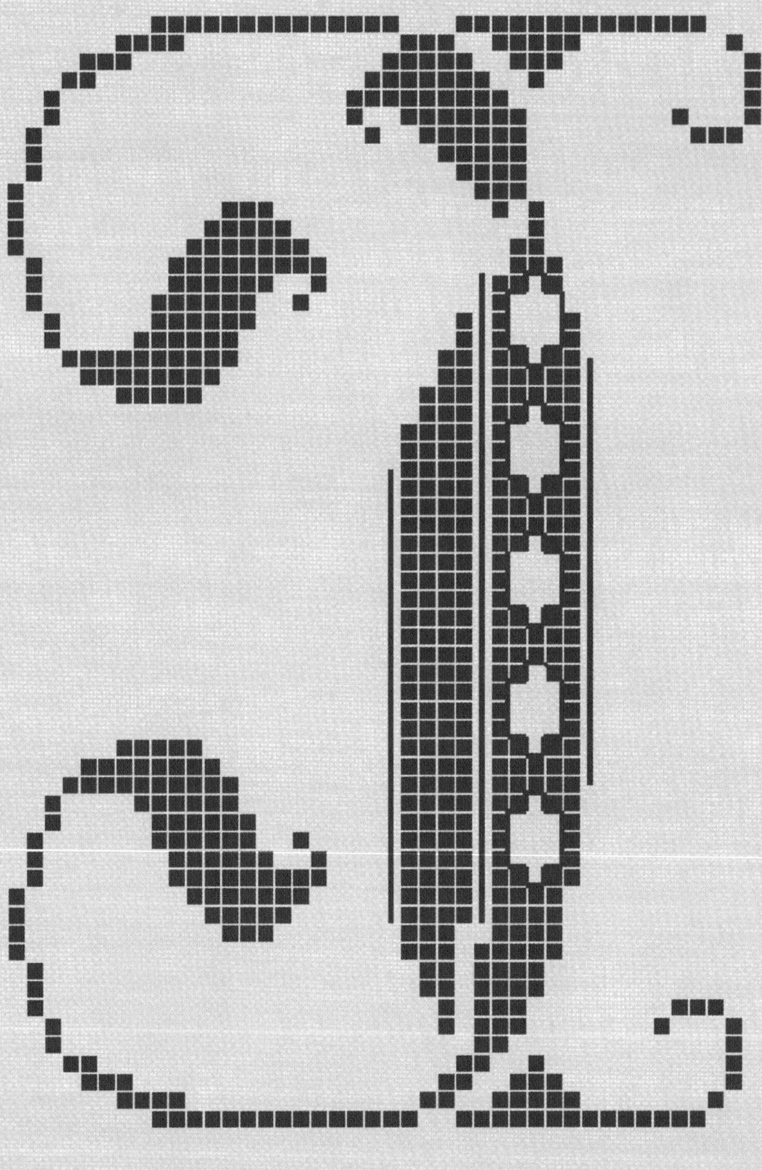

JA : 63 pts (h. 44 pts) ; JB : 42 pts (h. 38 pts) ; JC : 94 pts (h. 61 pts) ;
JD : 43 pts (h. 27 pts) ; JD : 43 pts (h. 27 pts) ; JE : (h. 30 pts)

JF : 68 pts (h. 64 pts) ; JG : 33 pts (h. 64 pts) ; JH : 105 pts (h. 60 pts)

JI : 20 pts (h. 25 pts) ; JI : 22 pts (h. 25 pts) ; JJ : 32 pts (h. 23 pts) ; JK : 32 pts (h. 23 pts) ; JK : 39 pts (h. 33 pts) ; JL : 62 pts (h. 69 pts) ; JM : 43 pts (h. 61 pts)

JN : 56 pts (h. 42 pts) ; JO : 49 pts (h. 33 pts) ; JP : 55 pts (h. 38 pts) ; JQ : 55 pts (h. 33 pts) ; JR : 55 pts (h. 46 pts) ; JS : 64 pts (h. 53 pts)

JT : 43 pts (h. 54 pts) ; JU : 51 pts (h. 41 pts) ; JV : 45 pts (h. 41 pts) ; JW : 36 pts (h. 41 pts) ;
JX : 34 pts (29 pts) ; JY : 17 pts (h. 41 pts) ; JZ : 51 pts (h. 55 pts)

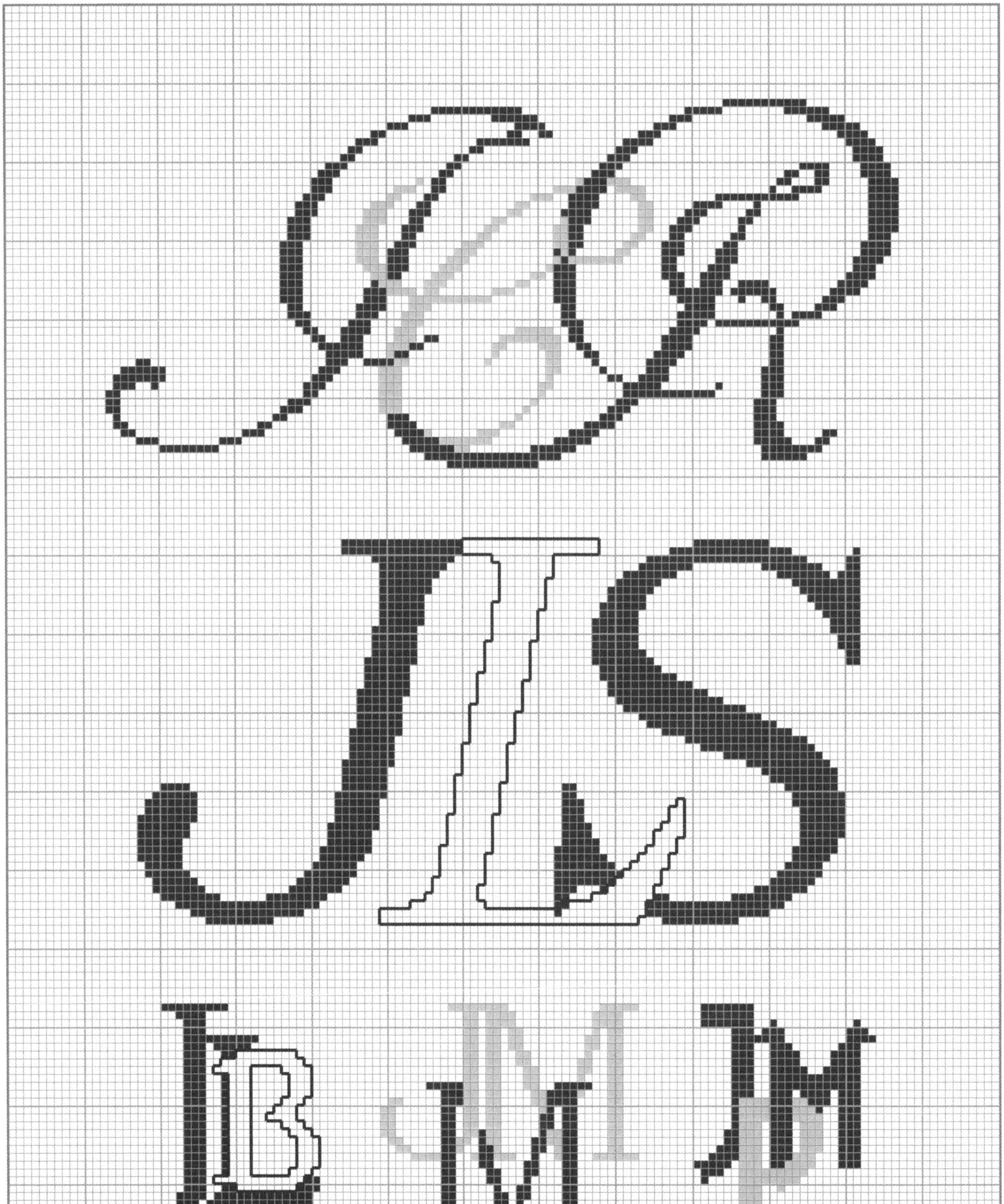

JCR : 104 pts (h. 46 pts) ; JLS : 95 pts (h. 49 pts) ; JLB : 24 pts (h. 30 pts) ;
JMM : 34 pts (h. 30 pts) ; JMP : 24 pts (h. 30 pts)

JMP : 24 pts (h. 30 pts) ; JPS : 42 pts (h. 61 pts) ; JPT : 82 pts (h. 60 pts)

Pour la brodeuse

Les rouges flamboyants rehaussent magnifiquement ces accessoires de broderie et leur confèrent un vrai charme d'antan.

Le coussin pique-épingles

1. Coupez 2 carrés de lin de 10,5 cm de côté.
2. Sur l'un des morceaux, brodez le monogramme centré, sur 1 fil avec 1 brin. Pour travailler le fil dégradé, utilisez des aiguillées courtes.
3. Assemblez les carrés, endroit contre endroit, et piquez à 0,5 cm du bord en laissant une petite ouverture pour glisser le rembourrage. Retournez le coussin, rembourrez et fermez à petits points glissés.
4. Cousez le galon à petits points, en laissant à chaque extrémité 18 cm pour former un nœud.

La bobine à ciseaux

1. Passez une couche de vernis, de lasure ou de peinture sur la bobine. Si elle n'est pas trouée, faites un trou au centre d'une extrémité avec une vrille.
2. Coupez une bande de molleton aux dimensions de la partie de la bobine à recouvrir. Coupez une bande de lin de mêmes dimensions, en ajoutant 1,5 cm sur les 4 côtés. Brodez le motif sur cette bande, sur 1 fil avec 1 brin.
3. Faites un rentré de 1,5 cm autour du lin et aplatissez au fer ; glissez le molleton dans l'étui ainsi formé, enroulez la bande autour de la bobine, et fermez à points glissés. Vous pouvez maintenir l'ensemble avec un morceau d'adhésif ou un point de colle à tissu.
4. Cousez le galon aux 2 bords et sur la couture.

Fournitures

- *Du lin coloris naturel*
- *Des fils Mouliné DMC : rouge feu 666, grenat dégradé E115*
- *Du fil à coudre*
- *1 bobine en bois*
- *Du bourrage, un peu de molleton*
- *Du vernis à bois*
- *Du galon : 1 m*

Dimensions

(sur une toile 12 fils/cm, brodée sur 1 fil)

- *Du motif sur le pique-épingles : 4,7 x 2,1 cm*
- *Du motif sur la bobine porte-ciseaux : 2,8 x 2,4 cm*

Grille p. 101

Avec un

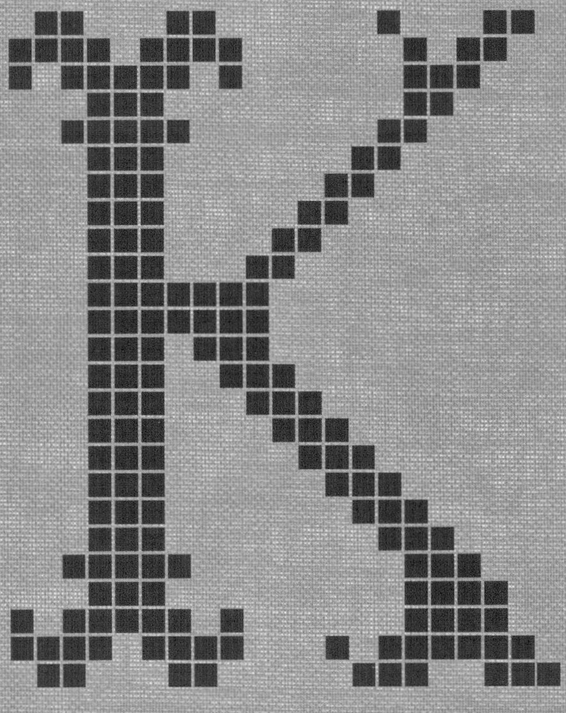

KA : 63 pts (h. 63 pts) ; KB : 43 pts (h. 63 pts) ; KC : 46 pts (h. 27 pts) ; KD : 65 pts (h. 30 pts) ; KE : 21 pts (h. 21 pts) ; KF : 24 pts (h. 21 pts) ; KG : 28 pts (h. 21 pts) ; KH : 39 pts (h. 25 pts) ; KI : 24 pts (h. 25 pts) ; KJ :19 pts (h. 25 pts) ; KK : 24 pts (h. 26 pts)

KL : 25 pts (h. 35 pts) ; KM : 101 pts (h. 37 pts) ; KN : 57 pts (h. 35 pts) ; KO : 46 pts (h. 35 pts) ; KP : 64 pts (h. 28 pts) ; KQ : 39 pts (h. 37 pts) ; KR : 71 pts (h. 35 pts)

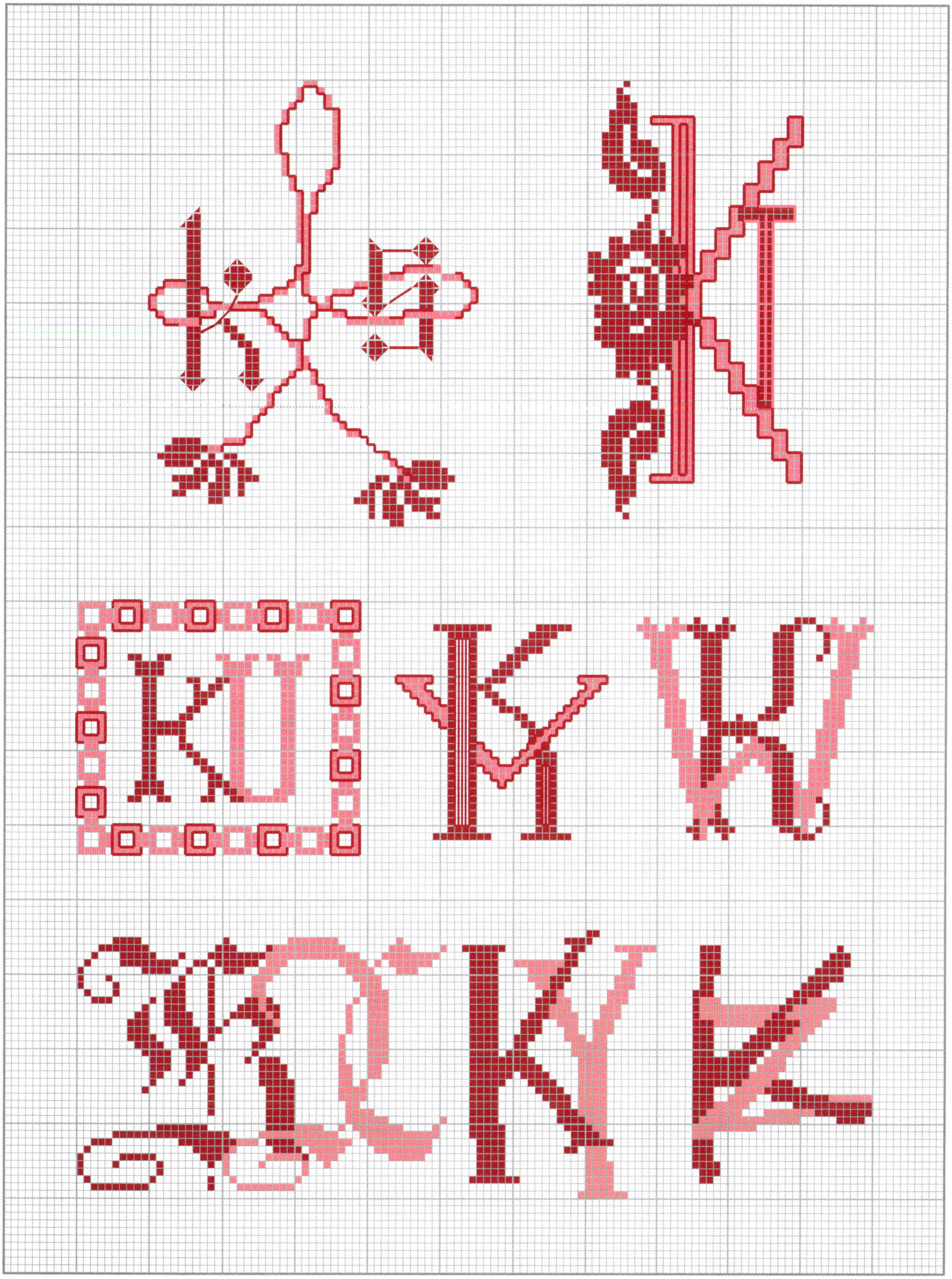

KS : 45 pts (h. 60 pts) ; KT : 30 pts (h. 59 pts) ; KU : 39 pts (h. 34 pts) ; KV : 29 pts (h. 29 pts) ; KW : 33 pts (h. 30 pts) ; KX : 51 pts (h. 34 pts) ; KY : 27 pts (h. 36 pts) ; KZ : 25 pts (h. 32 pts)

Avec un

LA : 59 pts (h. 77 pts) ; LB : 41 pts (h. 60 pts) ; LC : 44 pts (h. 42 pts) ; LD : 97 pts (h. 26 pts)

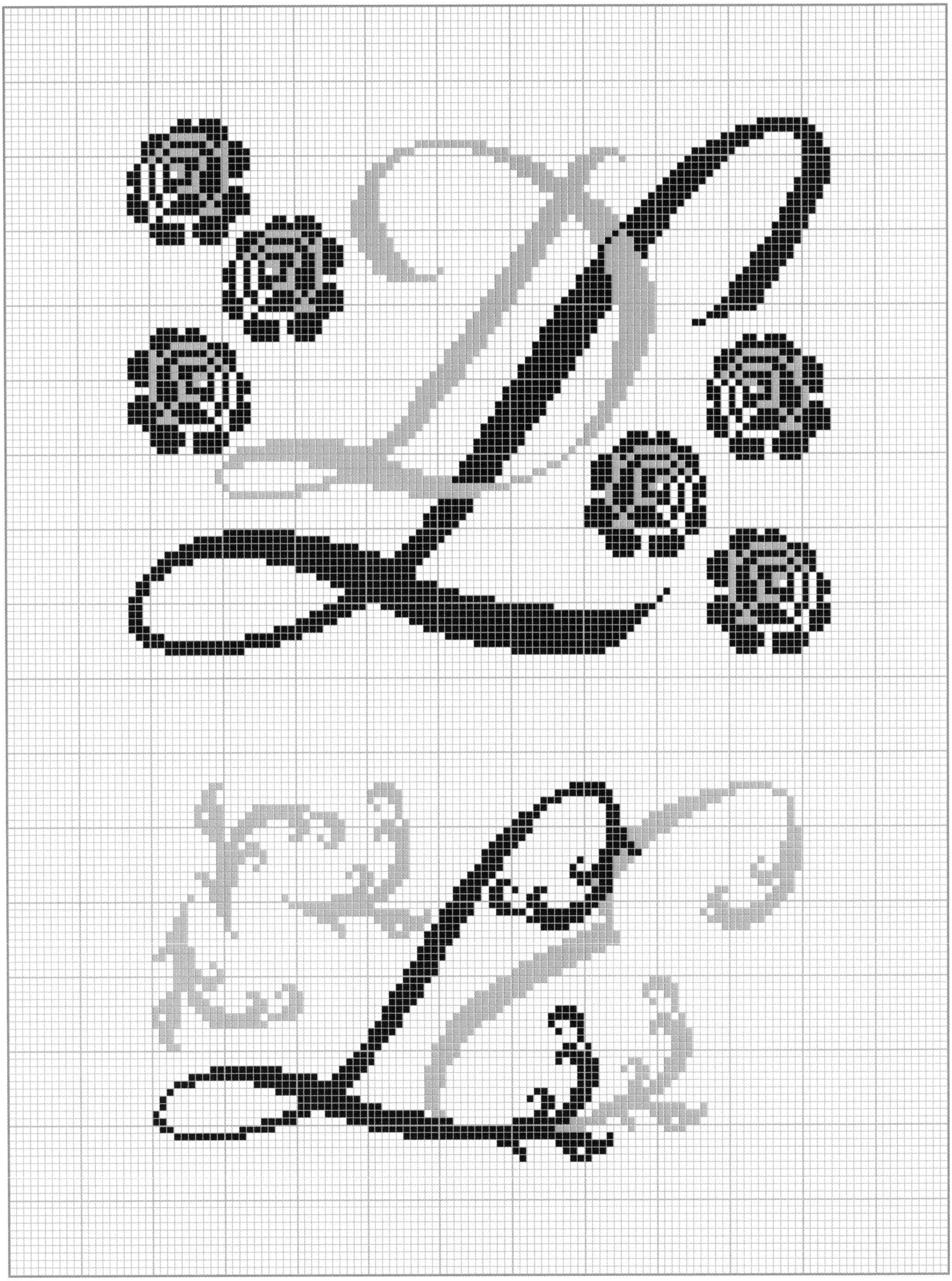

LD : 98 pts (h. 72 pts) ; LE : 90 pts (h. 51 pts)

LF : 65 pts (h. 38 pts) ; LF : 40 pts (h. 40 pts) ; LG : 61 pts (h. 50 pts) ; LH : 19 pts (h. 92 pts) ;
LH : 37 pts (h. 38 pts) ; LI : 40 pts (h. 63 pts)

LJ : 57 pts (h. 48 pts) ; LK : 49 pts (h. 45 pts) ; LM : 80 pts (h. 80 pts)

LL : 158 pts (h. 111 pts)

LN : 82 pts (h. 64 pts) ; LO : 48 pts (h. 51 pts) ; LP : 48 pts (h. 30 pts)

LQ : 60 pts (h. 60 pts) ; LR : 45 pts (h.60 pts) : LR : 58 pts (h. 35 pts) ; LS : 45 pts (h. 35 pts) ;
LT : 51 pts (h. 42 pts) ; LU : 48 pts (h. 42 pts)

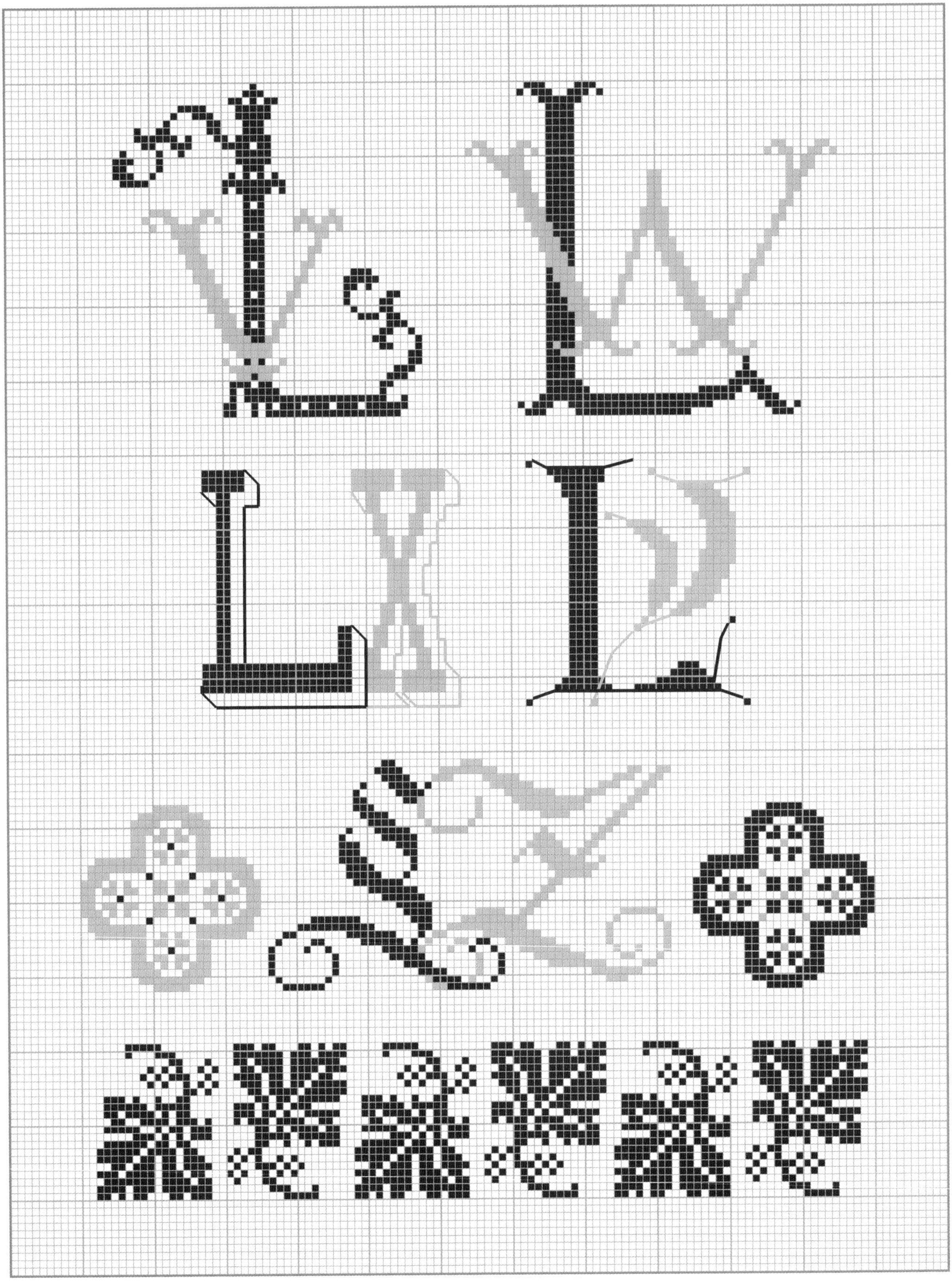

LV : 43 pts (h. 45 pts) ; LW : 51 pts (h. 45 pts) ; LX : 36 pts (h. 32 pts) ; LY : 31 pts (h. 33 pts) ;
LZ : 56 pts (h. 31 pts)

LBN : 99 pts (h. 133 pts)

Bavoir

Un premier cadeau très apprécié des mamans pour un bébé coquet gracieusement paré.

1. Trempez les 2 tissus dans l'eau froide pour éviter tout retrait au lavage.
2. Au point de croix, brodez le monogramme sur le lin, sur 2 fils avec 2 brins.
3. Tracez le demi-patron du bavoir sur un papier en vous aidant d'un compas ou d'une assiette pour l'arrondi, et posez-le sur l'envers de la broderie en l'ajustant bien au milieu. Tracez le tour au crayon tailleur et faites de même pour l'autre côté. Passez un fil de bâti sur le tissu fleuri et procédez de la même façon.
4. Coupez les 2 parties du bavoir à 1 cm du tracé et piquez, endroit contre endroit, en laissant une petite ouverture sur la partie droite pour retourner l'ouvrage. Crantez les coutures pour éviter la surépaisseur, retournez le bavoir, et fermez l'ouverture à petits points glissés.
5. Cousez le ruban.

Fournitures

- *Du lin mauve*
- *Du tissu fleuri, pour la doublure, dans des coloris assortis*
- *Des fils Mouliné DMC : vieux rose 3354 et mauve ancien 3726*
- *Du ruban*
- *Du fil à coudre*
- *1 crayon tailleur*

Dimensions

(sur une toile 12 fils/cm, brodée sur 2 fils)

- *Du monogramme : 3,33 x 2,33 cm*
- *De la broderie : 7,4 x 7 cm*

Grille p. 113

Avec un

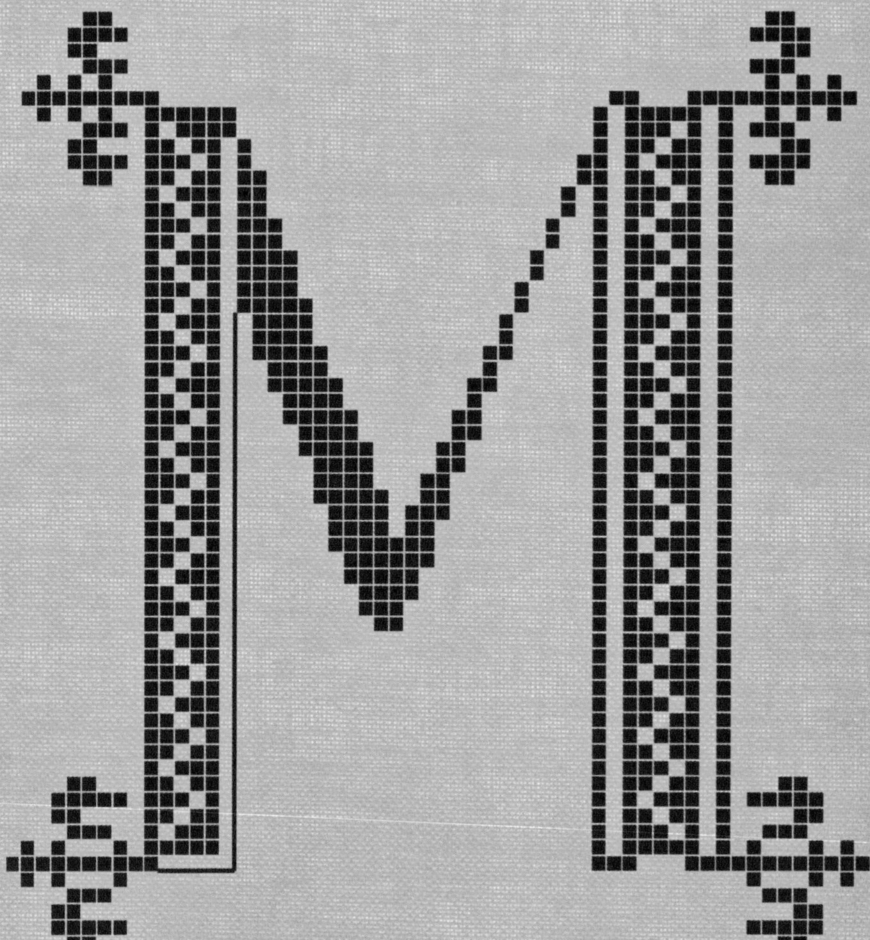

MA : 86 pts (h. 81 pts) ; MB : 46 pts (h. 32 pts) ; MC : 64 pts (h. 30 pts)

MD : 68 pts (h. 54 pts) ; ME : 80 pts (h. 45 pts) ; MF : 62 pts (h. 38 pts)

MG : 85 pts (h. 78 pts) ; MH : 103 pts (h. 64 pts)

MI : 54 pts (h. 59 pts) ; MJ : 66 pts (h. 50 pts) ; MK : 58 pts (h. 28 pts)

ML : 85 pts (h. 67 pts) ; MM : 101 pts (h. 60 pts)

MN : 99 pts (h. 28 pts) ; MO : 39 pts (h. 92 pts) ; MP : 52 pts (h. 85 pts) ; MQ : 44 pts (h. 27 pts)

MR : 54 pts (h. 54 pts) ; MS : 44 pts (h. 32 pts) ; MT : 46 pts (h. 46 pts) ; MU : 46 pts (h. 39 pts) ; MV : 51 pts (h. 52 pts) ; MW : 58 pts (h. 39 pts)

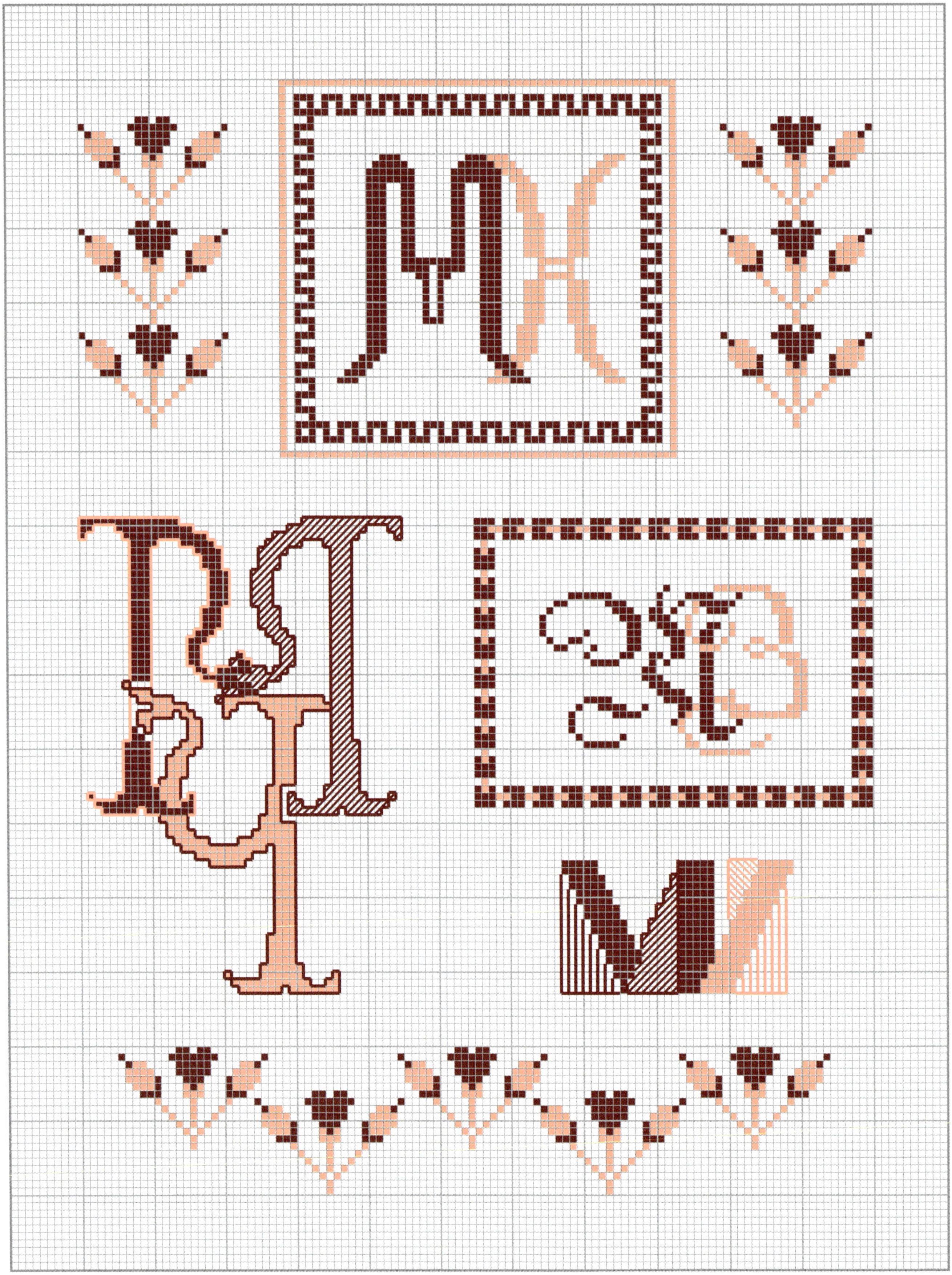

MX : 55 pts (h. 51 pts) ; MY : 45 pts (h. 64 pts) ; MZ : 55 pts (h. 33 pts)

MFS : 21 pts (h. 23 pts) ; MMP : 16 pts (h. 38 pts) ; MV : 72 pts (h. 62 pts) ; MCA : 24 pts (h. 25 pts) ; MHB : 15 pts (h. 38 pts) ; MEH : 59 pts (h. 76 pts) MPS : 47 pts (h. 43 pts)

Beau linge

Une taie d'oreiller très raffinée pour des nuits toutes douces...

La taie

1. Ourlez les 2 largeurs et repliez celle du bas, envers contre envers, sur 30 cm. Repliez sur la même face la largeur supérieure pour faire la poche dans laquelle se glissera l'oreiller et, sur l'autre face, une taie de 70 x 70 cm.
2. Piquez les coutures de côté à 1 cm du bord pour obtenir une taie carrée de 70 cm de côté.
3. Faites une piqûre sur les 4 côtés à 4,5 cm du bord pour former le volant, et faites un bourdon sur la piqûre. Si la machine à coudre ne dispose pas d'une fonction « bourdon », faites un point de croix sur 3 fils avec 3 brins de Mouliné n° 644.

La broderie

Brodez le monogramme à 3 cm des bords haut et gauche sur 2 fils avec 2 brins à l'aiguille.

Fournitures

- *Du lin blanc : 1,52 x 0,72 m*
- *Des fils Mouliné DMC : grège clair 644, écru 712*
- *Du fil à broder machine*
- *Du fil à coudre*

Dimensions

(sur une toile 12 fils/cm, brodée sur 2 fils)

- *Du monogramme : 12 x 10,3 cm*

Grille p. 133

Idée

Brodez le monogramme avec des fils de couleur sur un carré de lin, et appliquez-le avec un joli point de feston sur une taie d'oreiller ou un coussin d'un coloris assorti.

Avec un

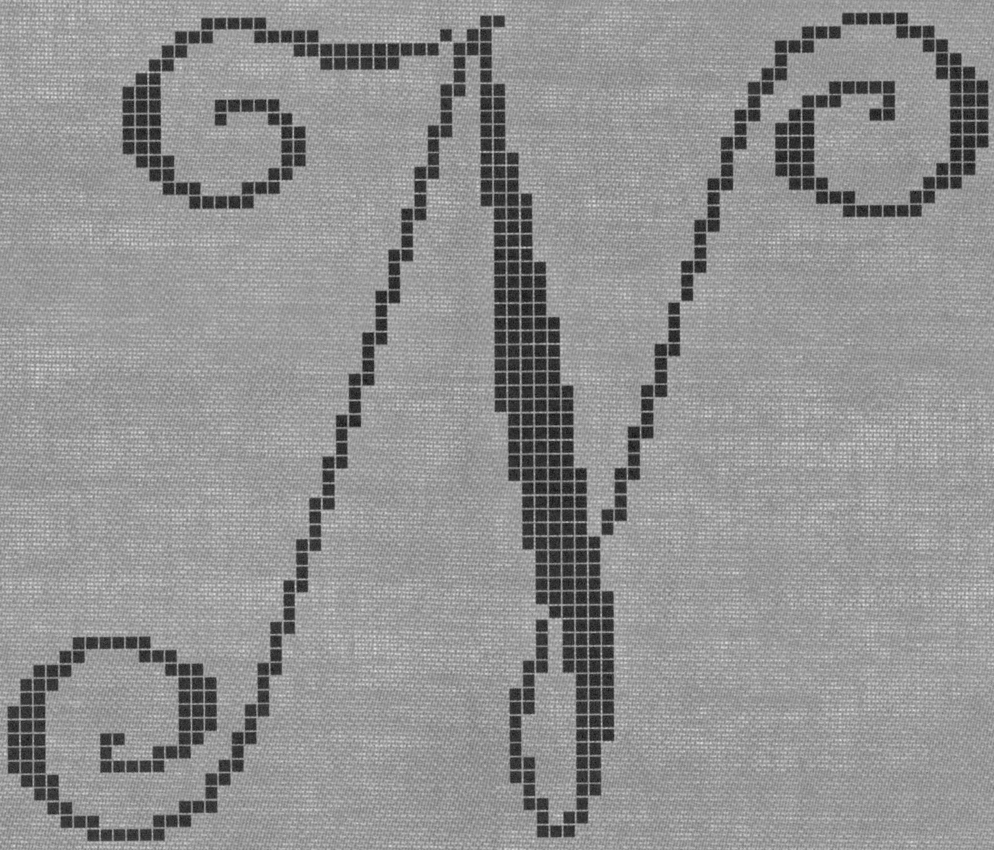

NA : 113 pts (h. 86 pts) ; NB : 84 pts (h. 59 pts)

NC : 103 pts (h. 61 pts) ; ND : 41 pts (h. 92 pts) ; NE : 48 pts (h. 80 pts)

NF : 77 pts (h. 59 pts) ; NG : 59 pts (h. 30 pts) ; NH : 39 pts (h. 50 pts) ; NI : 63 pts (h. 33 pts)

NJ : 50 pts (h. 55 pts) ; NK : 59 pts (h. 55 pts) ; NL : 66 pts (h. 41 pts) ;
NL : 49 pts (h. 38 pts) ; NM : 112 pts (h. 42 pts)

NN : 38 pts (h. 50 pts) ; NO : 71 pts (h. 47 pts) ; NP : 86 pts (h. 59 pts) ; NQ : 89 pts (h. 37 pts)

NR : 110 pts (h. 60 pts) ; NS : 110 pts (h. 81 pts)

NT : 82 pts (h. 47 pts) ; NU : 81 pts (h. 45 pts) ; NV : 55 pts (h. 48 pts)

NW : 58 pts (h. 60 pts) ; NX : 40 pts (h. 60 pts) ; NY : 60 pts (h. 74 pts) ; NZ : 40 pts (h. 72 pts)

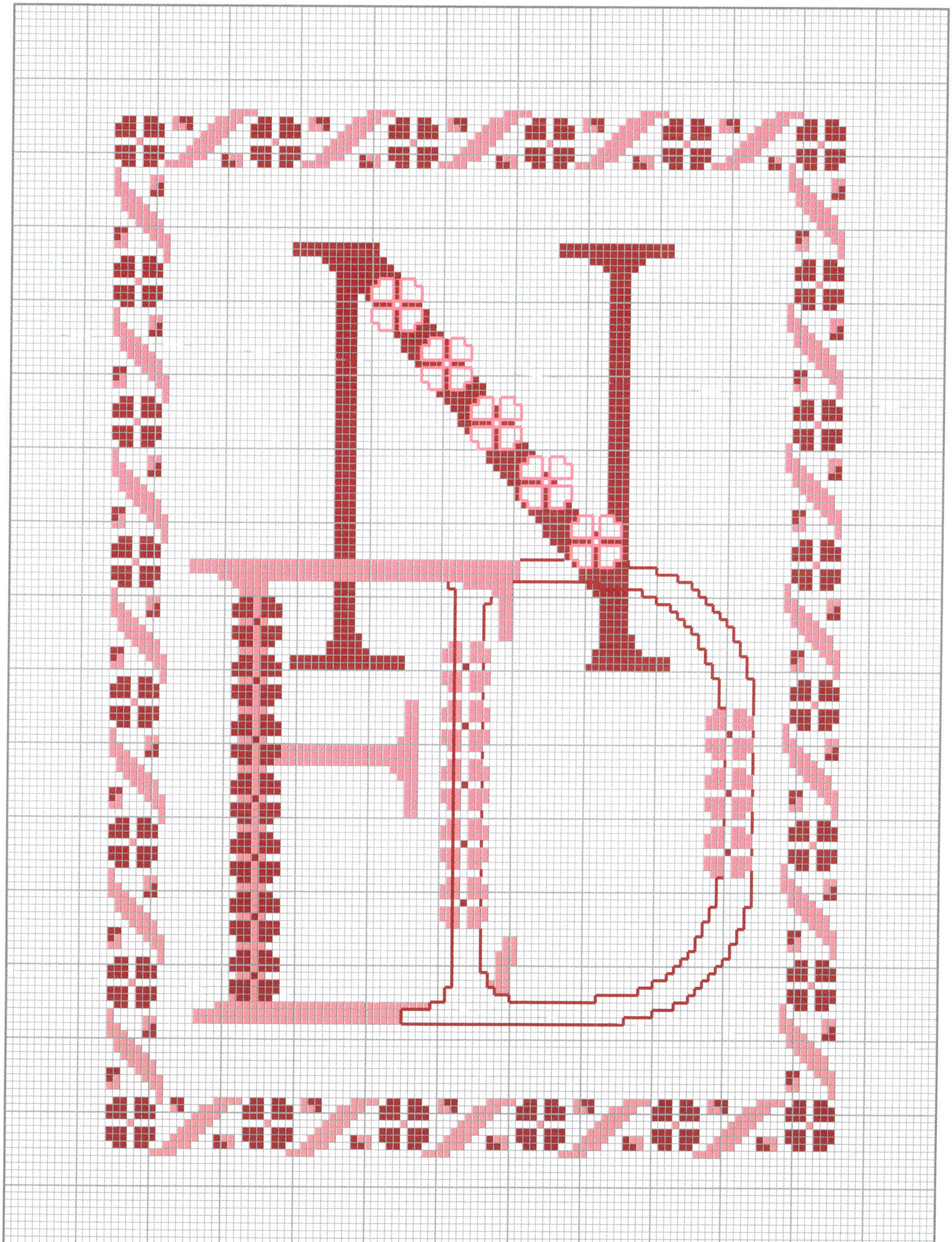

NED : 102 pts (h. 142 pts)

Jolie cuisinière

Pour une cuisinière coquette : une audacieuse association de motifs et de couleurs qui rehaussent les lettres entrelacées.

1. Trempez les tissus dans l'eau froide pour éviter tout retrait au lavage.
2. Brodez au point de croix le monogramme sur le lin, sur 2 fils avec 3 brins pour les lettres, 1 brin seulement pour les feuilles et les fleurs.
3. Dans le tissu imprimé, coupez 2 bandes de 5 cm de large, et assemblez-les pour obtenir une bande de 1,5 m.
4. Adaptez le tablier à votre taille en formant quelques fronces, centrez la bande de tissu, faufilez et piquez, endroit contre endroit, à 0,5 cm du bord. Repliez la bande sur l'envers, et piquez tout du long pour former la ceinture.
5. Faites un rentré autour de la broderie, aplatissez au fer, ourlez le haut de la poche.
6. Piquez la poche sur le carré de tissu et ce dernier sur le tablier. Ourlez le tablier.

Fournitures

- *Du tissu imprimé : 75 x 50 cm*
- *Du tissu coordonné : 30 cm de côté*
- *Du lin bleu turquoise clair*
- *Des fils Mouliné DMC : grès rose 3722, turquoise 3849, lavande clair 210, jaune pâle 745*
- *Du fil à coudre*

Dimensions

(sur une toile 12 fils/cm, brodée sur 2 fils)

- *Du monogramme : 6,82 x 5,32 cm*
- *De la broderie : 9,1 x 8 cm*

Grille p. 143

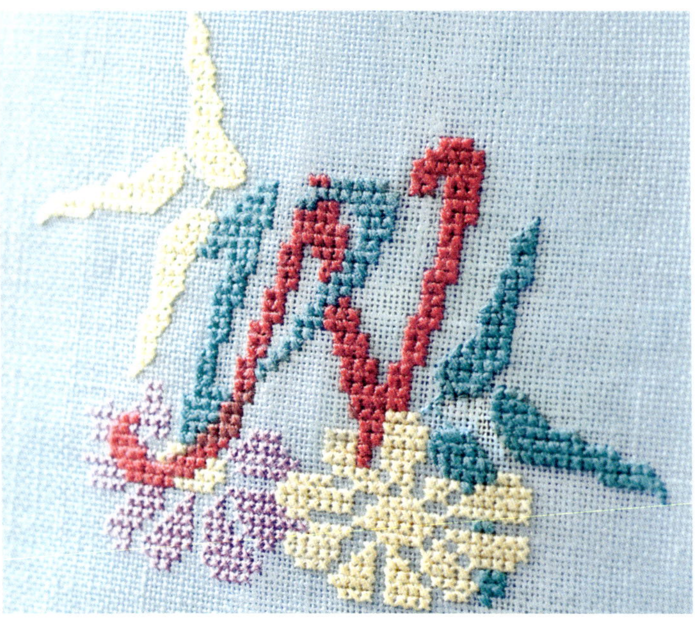

Avec un

OA : 65 pts (h. 65 pts) ; OB : 38 pts (h. 45 pts) ; OC : 45 pts (h. 45 pts) ;
OD : 25 pts (h. 45) ; OE : 93 pts (h. 27 pts)

OF : 54 pts (h. 51 pts) ; OG : 46 pts (h. 50 pts) ; OH : 90 pts (h. 53 pts) ;
OI : 22 pts (h. 39 pts) ; OJ : 48 pts (h. 34 pts)

OK : 63 pts (h. 44 pts) ; OL : 56 pts (h. 38 pts) ; OM : 82 pts (h. 36 pts) ;
ON : 64 pts (h. 51 pts) ; OO : 27 pts (h. 49 pts)

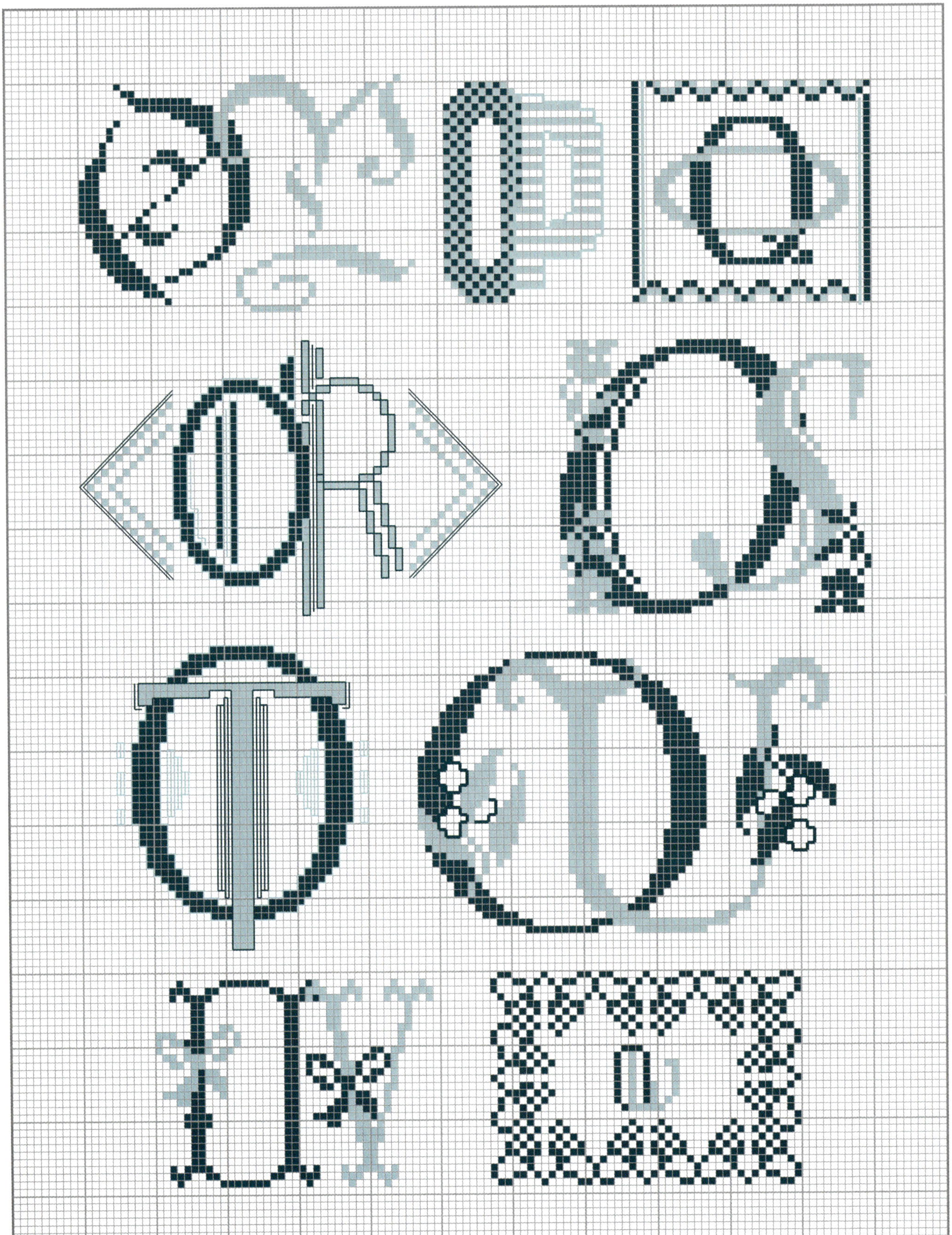

OP : 47 pts (h. 32 pts) ; OP : 22 pts (h. 30 pts) ; OQ : 33 pts (h. 30 pts) ; OR : 59 pts (h. 37 pts) ; OS : 43 pts (h. 37 pts) ; OT : 35 pts (h. 41 pts) ; OU : 58 pts (h. 38 pts) ; OV : 39 pts (h. 28 pts) ; OW : 43 pts (h. 29 pts)

OX : 64 pts (h. 45 pts) ; OY : 40 pts (h. 45 pts) ; OZ : 52 pts (h. 44 pts) ; OHC : 47 pts (h. 48 pts)

Avec un

PA : 71 pts (h. 64 pts) ; PB : 51 pts (h. 65 pts) ; PC : 55 pts (h. 65 pts)

PD : 38 pts (h. 52 pts) ; PE : 61 pts (h. 49 pts) ; PF : 54 pts (h. 49 pts) ;
PG : 47 pts (h. 59 pts) ; PH : 87 pts (h. 38 pts)

PI : 43 pts (h. 47 pts) ; PJ : 64 pts (h. 59 pts) ; PK : 77 pts (h. 49 pts) ;
PL : 34 pts (h. 52 pts) ; PM : 49 pts (h. 32 pts)

PN : 62 pts (h. 67 pts) ; PO : 21 pts (h. 72 pts) ; PP : 73 pts (h. 74 pts) ; PQ : 73 pts (h. 74 pts)

PR : 28 pts (h. 74 pts) ; PS : 74 pts (h. 65 pts) ; PT : 38 pts (h. 54 pts) ; PU : 64 pts (h. 47 pts)

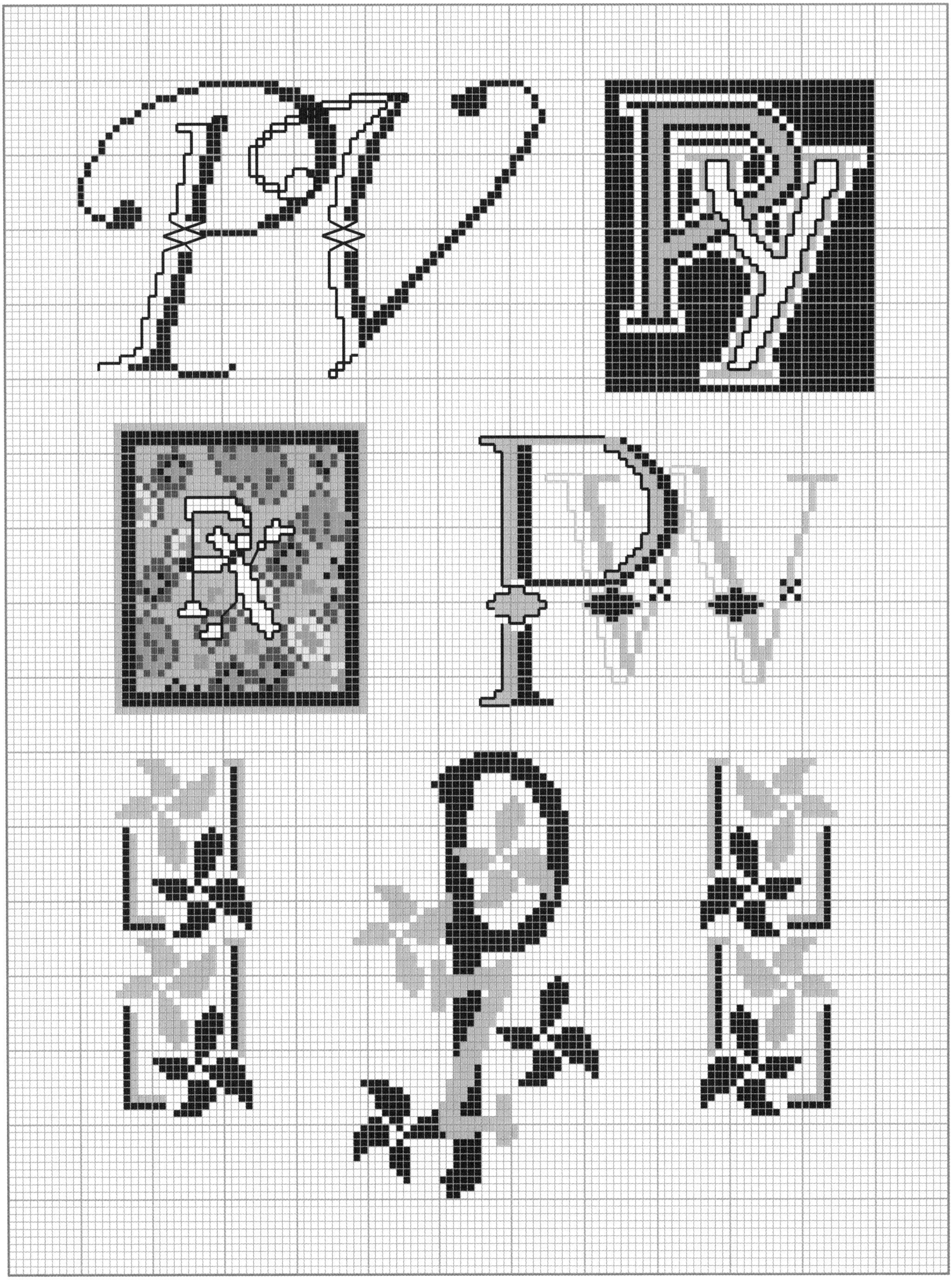

PV : 65 pts (h. 40 pts) ; PY : 37 pts (h. 42 pts) ; PX : 35 pts (h. 39 pts) ;
PW : 49 pts (h. 36 pts) ; PZ: 34 pts (h. 60 pts)

PAJ : 41 pts (h. 67 pts) ; PHL : 55 pts (h. 84 pts) ; PMB : 70 pts (h. 60 pts)

Art Nouveau

L'esprit de famille revisité, avec serviettes et sets de table à vos initiales ou à celles de vos invités...

Le set

1. Sur le plus grand morceau, faites un ourlet de 2,5 cm.

2. Brodez le monogramme à 3 cm des bords haut et gauche, au point de croix sur 2 fils avec 2 brins pour les lettres, 1 brin seulement pour les feuilles et les points de piqûre.

La serviette

Faites un ourlet de 1 cm autour de la serviette, et brodez le monogramme sur 1 fil avec 1 brin, à 2 cm des bords haut et gauche. Vous pouvez choisir entre le motif identique à celui du set et le motif allégé ci-dessous.

Fournitures

- *Du lin blanc : 60 x 50 cm et 40 x 40 cm*
- *Des fils Mouliné DMC : bleu glycine 158, bleu cendré moyen 156, bleu cendré clair 159*
- *Du fil à coudre*

Dimensions

(sur une toile 12 fils/cm, brodée sur 2 fils)

- *Du monogramme : 8 x 4,83 cm*
- *De la broderie : 10,6 x 10,6 cm*

Grille p. 158

Variante

Point de croix 2 brins

159 158 156

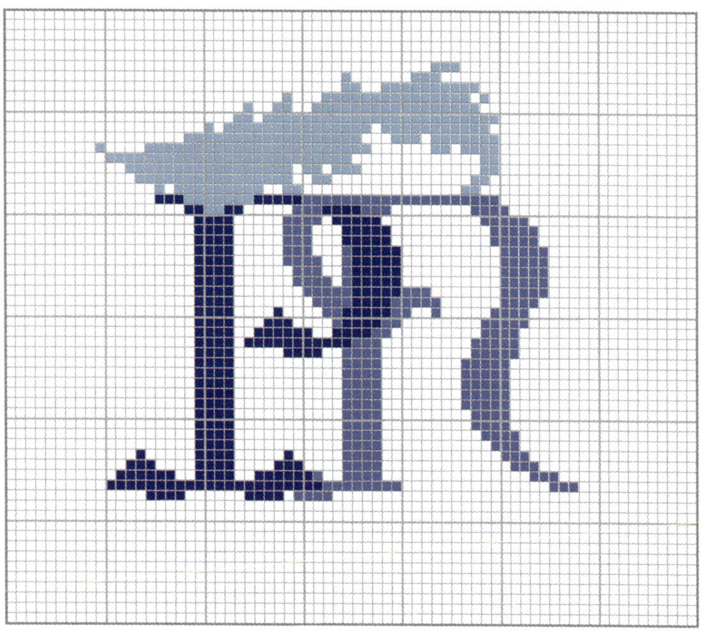

Avec un

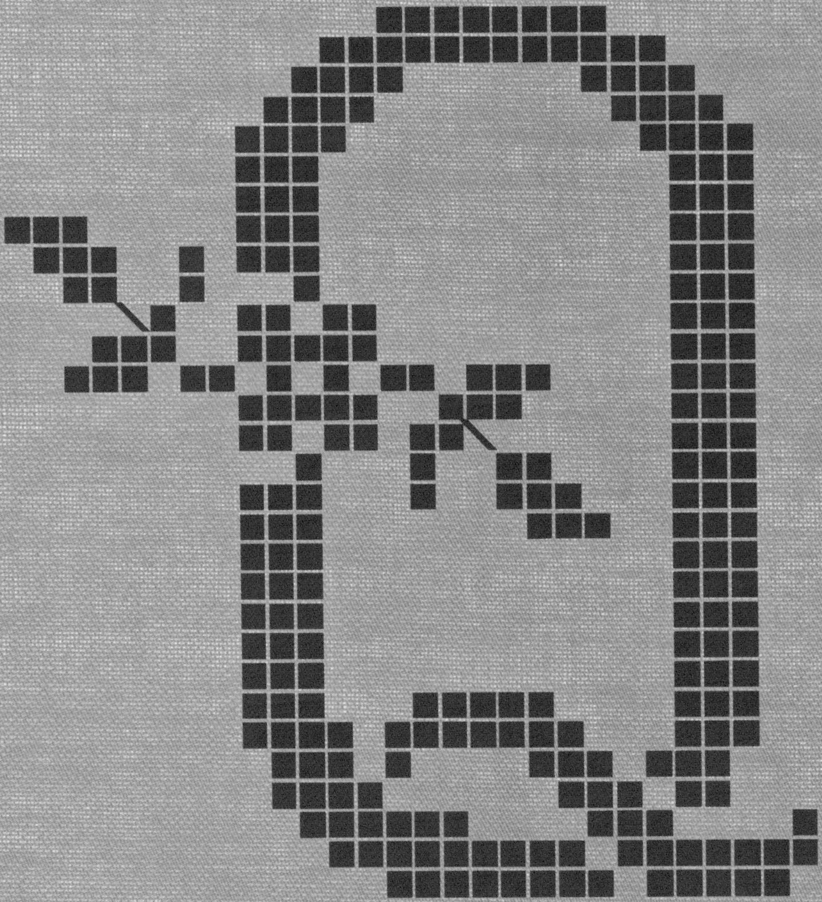

QA : 35 pts (h. 45 pts) ; QB : 40 pts (h. 45 pts) ; QC : 35 pts (h. 45 pts) ; QD : 55 pts (h. 62 pts) ;
QE : 55 pts (h. 62 pts) ; QF : 35 pts (h. 45 pts) ; QG : 35 pts (h. 45 pts) ; QH : 35 pts (h. 45 pts)

QI : 47 pts (h. 37 pts) ; QJ : 37 pts (h. 22 pts) ; QK : 35 pts (h. 35 pts) ; QL : 39 pts (h. 39 pts) ; QM : 29 pts (h. 40 pts) ; QN : 24 pts (h. 46 pts) ; QO : 39 pts (h. 53 pts) ; QP : 19 pts (h. 55 pts) ; QQ : 39 pts (53 pts)

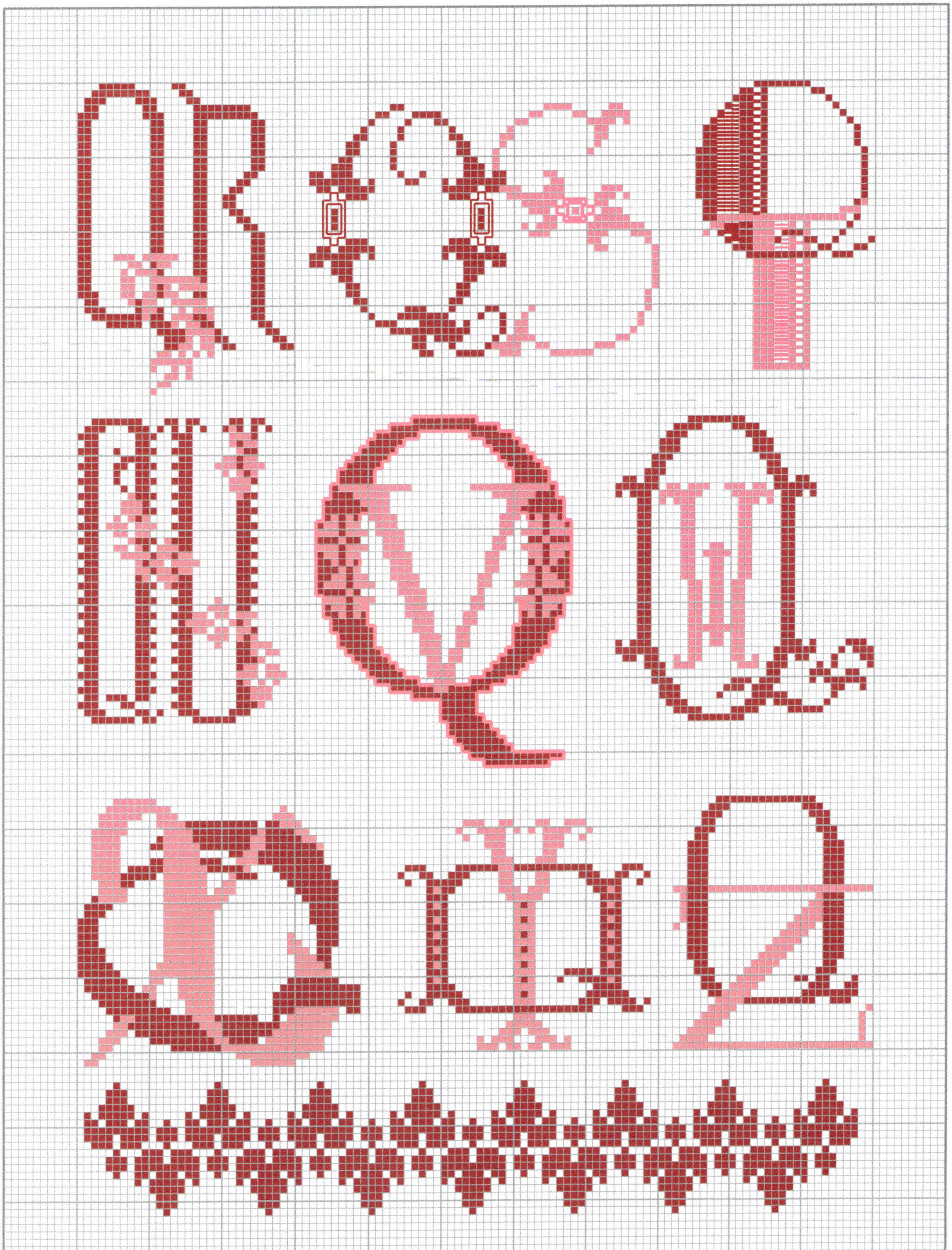

QR : 30 pts (h. 41 pts) ; QS : 48 pts (h. 34 pts) ; QT : 25 pts (h. 39 pts) ; QU : 29 pts (h. 41 pts) ; QV : 35 pts (h. 47 pts) ; QW : 36 pts (h. 41 pts) ; QX : 39 pts (h. 36 pts) ; QY : 35 pts (h. 41 pts) ; QZ : 28 pts (h. 34 pts)

Avec un

R

RE : 63 pts (h. 48 pts) ; RF : 44 pts (h. 48 pts) ; RG : 51 pts (h. 65 pts) ; RH : 51 pts (h. 86 pts)

RI : 40 pts (h. 68 pts) ; RJ : 62 pts (h. 68 pts) ; RK : 29 pts (h. 29 pts) ; RL : 81 pts (h. 45 pts)

RM : 112 pts (h. 87 pts) ; RN : 99 pts (h. 51 pts)

RO : 54 pts (h. 67 pts) ; RP : 50 pts (h. 67 pts) ; RQ : 56 pts (h. 53 pts) ; RR : 50 pts (h. 48 pts)

RP : 83 pts (h. 68 pts) ; RP : 92 pts (h. 45 pts)

RS : 28 pts (h. 25 pts) ; RS : 28 pts (h. 25 pts) ; RS : 28 pts (h. 25 pts) ;
RT : 63 pts (h. 63 pts) ; RU : 69 pts (h. 44 pts)

RV : 31 pts (h. 48 pts) ; RW : 54 pts (h. 49 pts) ; RX : 38 pts (h. 47 pts) ;
RY : 37 pts (h. 46 pts) ; RZ : 37 pts (h. 46 pts)

RCA : 121 pts (h. 55 pts) ; RHB : 76 pts (h. 59 pts)

RCM : 110 pts (h. 65 pts) ; RIL : 75 pts (h. 75 pts)

Coussin

Les lettres déliées, entourées d'une frise graphique, s'intègrent à merveille au centre d'un gros coussin moelleux.

1. Brodez le monogramme au point de croix sur 2 fils avec 2 brins.
2. Coupez 4 bandes de tissu de 32 x 8 cm. Piquez-les autour du coussin, comme indiqué sur le dessin. Les coutures (1 cm) sont comprises dans les dimensions données.
3. Assemblez les 2 parties du coussin, endroit contre endroit, et piquez à 1 cm du bord en laissant une ouverture pour retourner le coussin. Bourrez le coussin en utilisant le manche d'une cuillère en bois pour faire des angles nets. Fermez l'ouverture à petits points glissés.

Fournitures

- *Du lin écru et rouge : 32 x 32 cm*
- *Du tissu à carreaux en lin : 24 x 24 cm*
- *Du tissu uni : 34 x 34 cm pour la doublure*
- *Des fils Mouliné DMC : rose saumon3328 et gris-brun 3781*
- *Du fil à coudre*
- *Du bourrage*

Dimensions

(sur une toile 12 fils/cm, brodée sur 2 fils)

- *Du monogramme : 6,5 x 4,16 cm*
- *De la broderie : 10,5 x 10,5 cm*

Grille p. 176

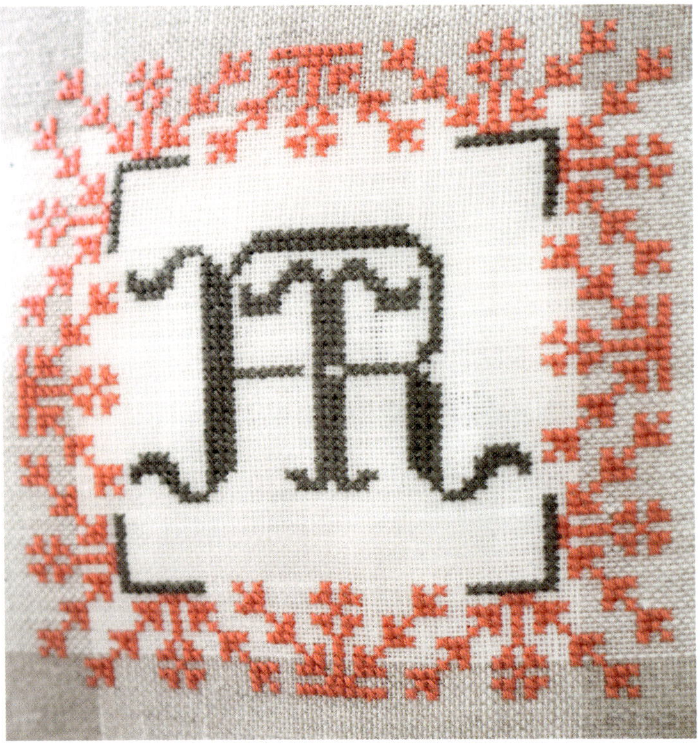

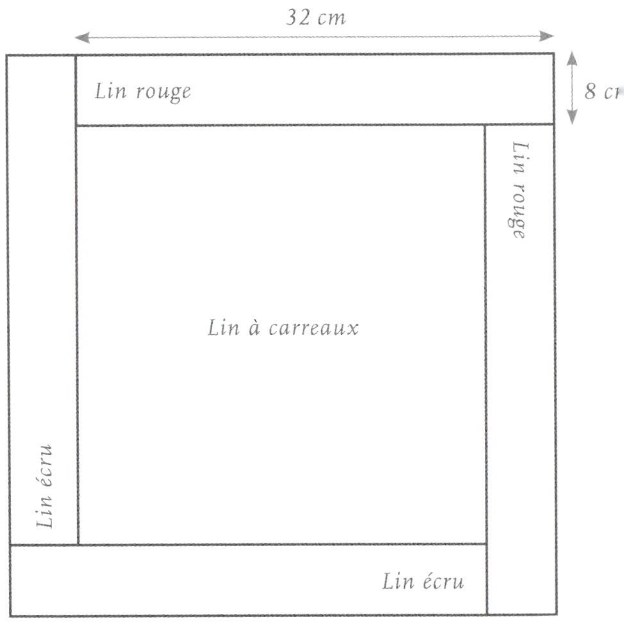

Avec un

SA : 47 pts (h. 77 pts) ; SB : 54 pts (h. 72 pts) ; SB : 63 pts (h. 63 pts) ; SB : 43 pts (h. 69 pts)

SD : 26 pts (h. 92 pts) ; SC : 77 pts (h. 73 pts) ; SE : 88 pts (h. 51 pts) ; SE : 19 pts (h. 59 pts)

SD : 108 pts (h. 88 pts)

SF : 70 pts (h. 71 pts) ; SG : 81 pts (h. 30 pts) ; SH : 64 pts (h. 29 pts)

SI : 39 pts (h. 44 pts) ; SJ : 63 pts (h. 49 pts) ; SK : 66 pts (h. 38 pts) ; SL : 60 pts (h. 51 pts)

SM : 58 pts (h. 84 pts) ; SN : 39 pts (h. 25 pts) ; SO : 56 pts (h. 50 pts) ; SP : 86 pts (h. 53 pts)

SQ : 48 pts (h. 41 pts) ; SR : 47 pts (h. 30 pts) ; SS : 27 pts (h. 54 pts) ;
ST : 55 pts (h. 61 pts) ; SU : 36 pts (h. 36 pts) ; SV : 39 pts (h. 38 pts)

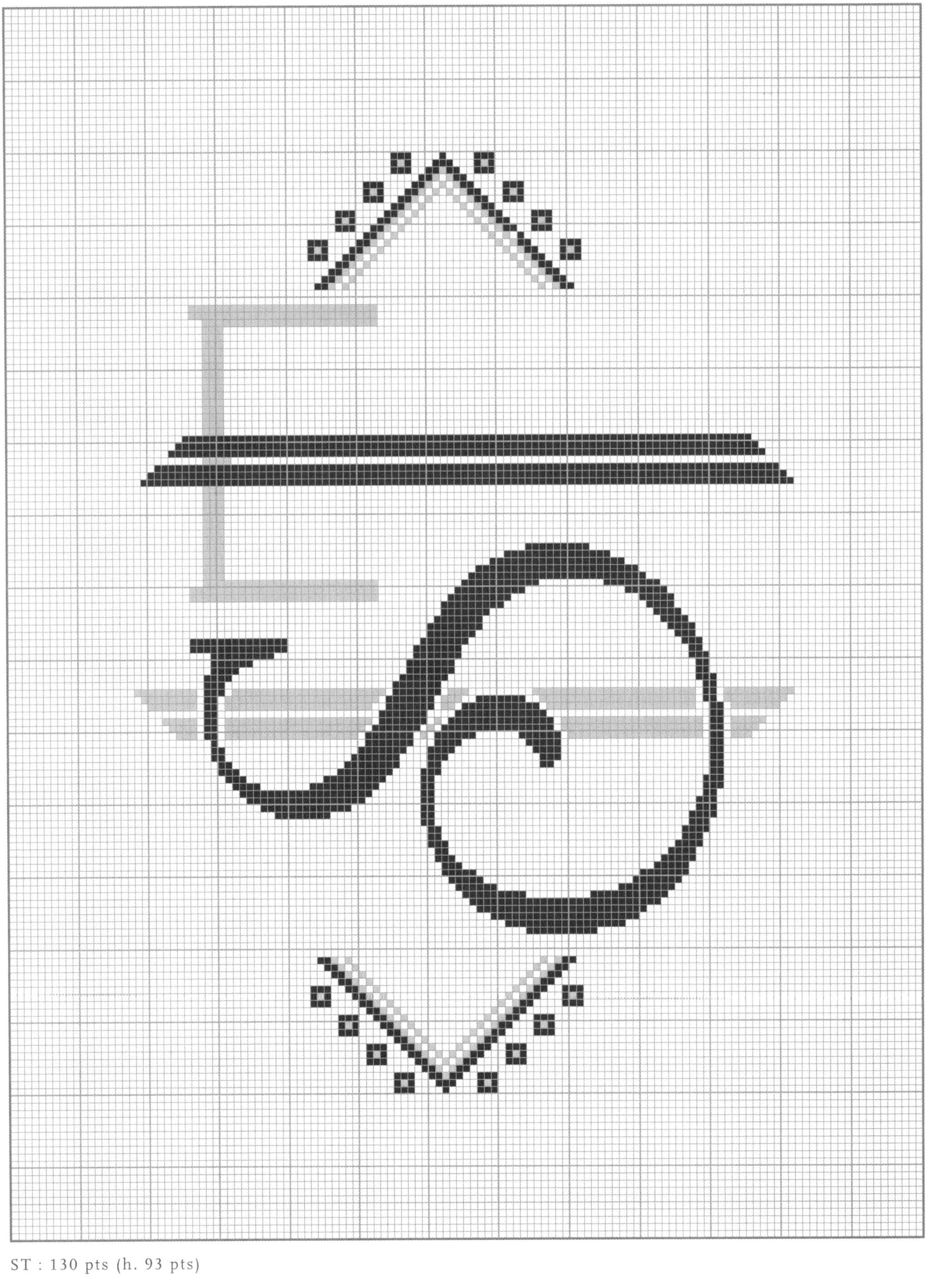

ST : 130 pts (h. 93 pts)

SW : 65 pts (h. 39 pts) ; SX : 53 pts (h. 40 pts) ; SY : 54 pts (h. 36 pts) ; SZ : 74 pts (h. 53 pts)

SLS : 95 pts (h. 131 pts)

SNA : 75 pts (h. 75 pts) ; SGH : 74 pts (h. 64 pts)

Etui fleuri

Une pochette toute pimpante pour vos mouchoirs en papier, à décliner en étui à portable très stylé !

1. Mesurez l'objet à protéger, soit, pour un sachet de mouchoirs en papier : 5,5 cm de large, 7,5 cm de haut et 2,5 cm d'épaisseur.
2. Coupez 2 rectangles de tissu de 22 x 16,5 cm, coutures comprises (0,5 cm). Arrondissez l'une des extrémités qui sera le rabat. Assemblez les 2 morceaux, endroit contre endroit, piquez à 0,5 cm du bord en laissant une ouverture pour retourner, fermez et repassez.
3. Brodez le monogramme au point de croix sur 1 fil avec 1 brin.
4. Repliez les 2 côtés de la bande et ajustez la longueur ; cousez les 2 extrémités à 2 cm du bord droit. La bande brodée permet de maintenir le rabat. Formez la pochette en cousant à petits points de chaque côté sur 10 cm.

Fournitures

- *Une petite bande de lin vert jade foncé*
- *2 morceaux de tissu dans des coloris assortis*
- *Des fils Mouliné DMC : rose aurore 761, rose foncé 309*
- *Du fil à coudre*

Dimensions

(sur une toile 12 fils/cm, brodée sur 1 fil)

- *Du monogramme : 1,66 x 1,75 cm*
- *De la broderie : 4 x 3,2 cm*

Point de croix 1 brin

- 309
- 761

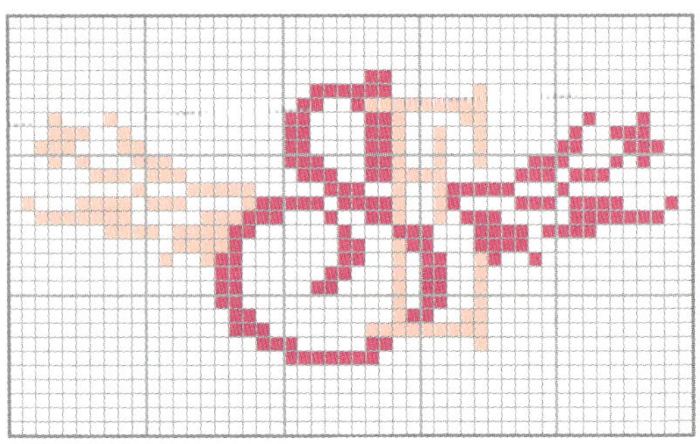

eau
de
toilette

Avec un

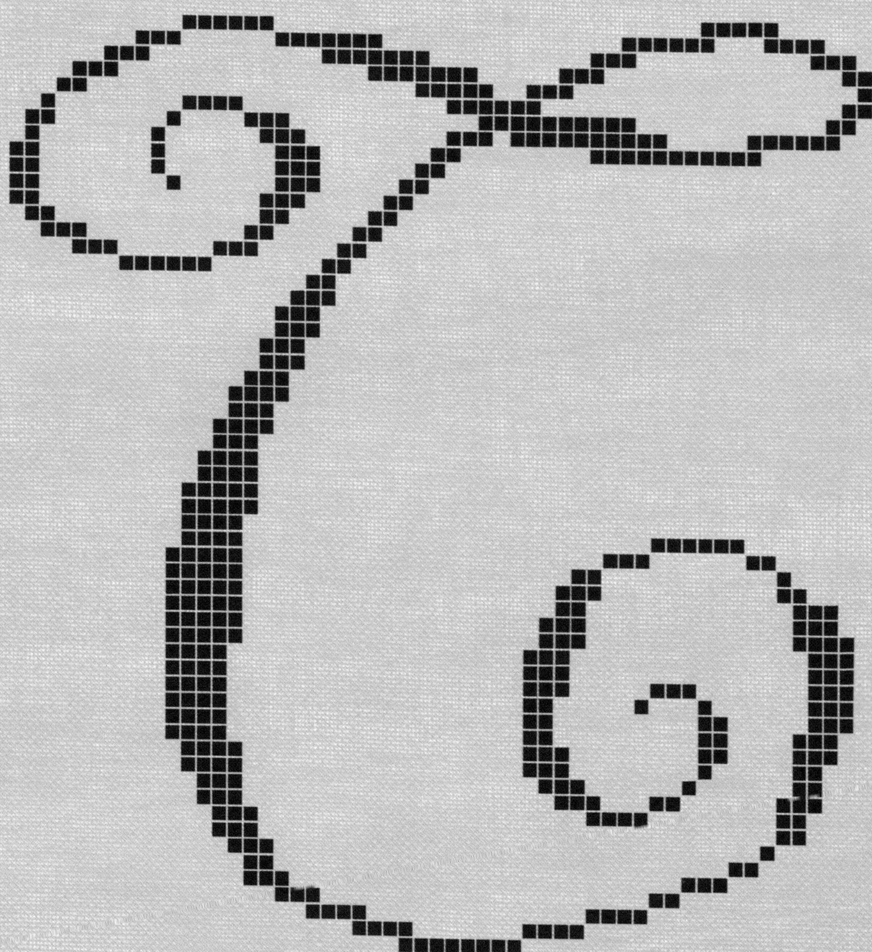

TA: 100 pts (h. 26 pts) ; TB : 92 pts (h. 22 pts) ; TC : 77 pts (h. 59 pts) ; TD : 92 pts (h. 25 pts)

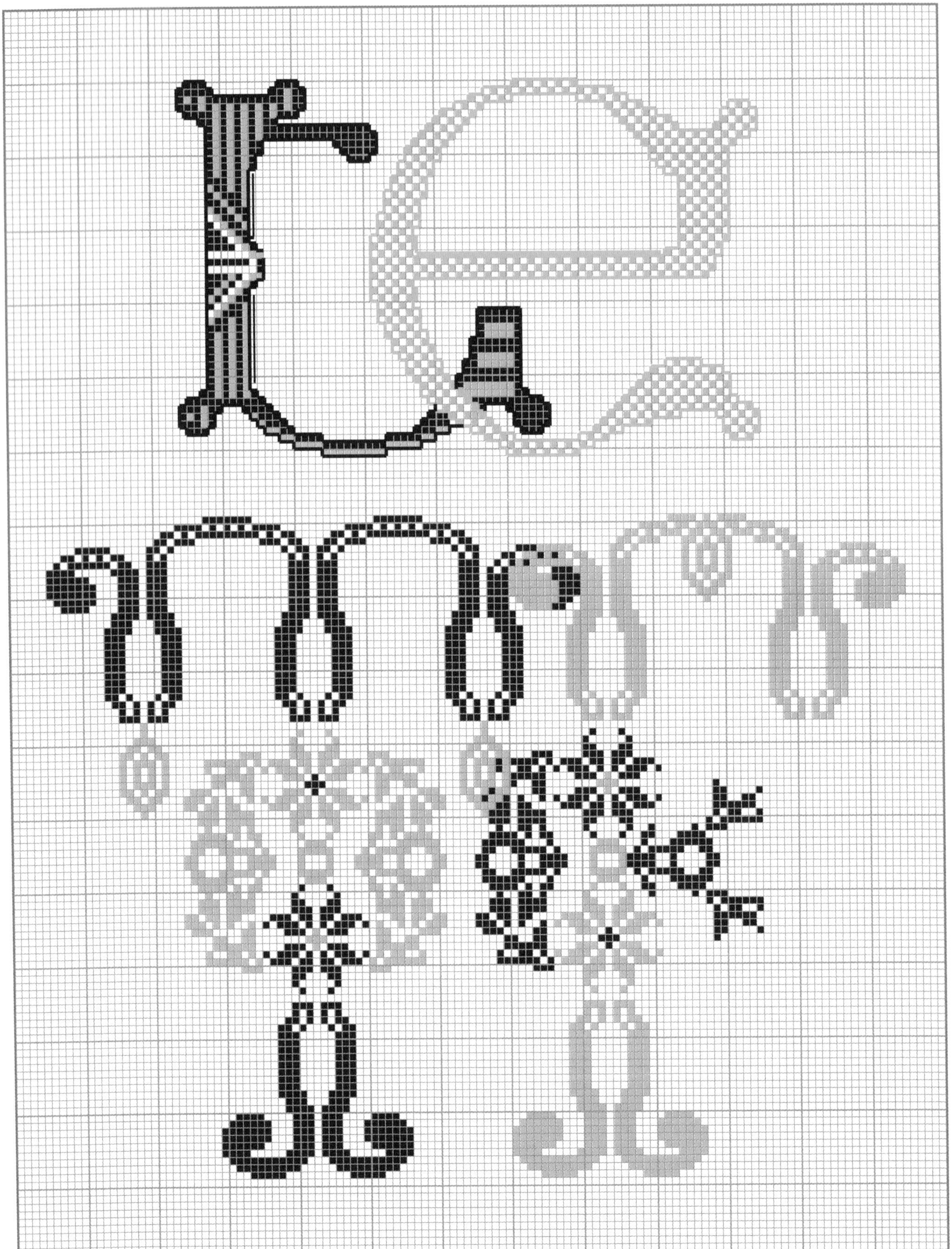

TE: 81 pts (h. 51 pts) ; FF: 120 pts (h. 91 pts)

TG : 89 pts (h. 40 pts) ; TH : 28 pts (h. 40 pts) ; TI : 67 pts (h. 45 pts) ;
TJ : 61 pts (h. 54 pts) ; TK : 45 pts (h. 51 pts)

TL : 93 pts (h. 49 pts) ; TM : 100 pts (h. 58 pts) ; TN : 80 pts (h. 38 pts)

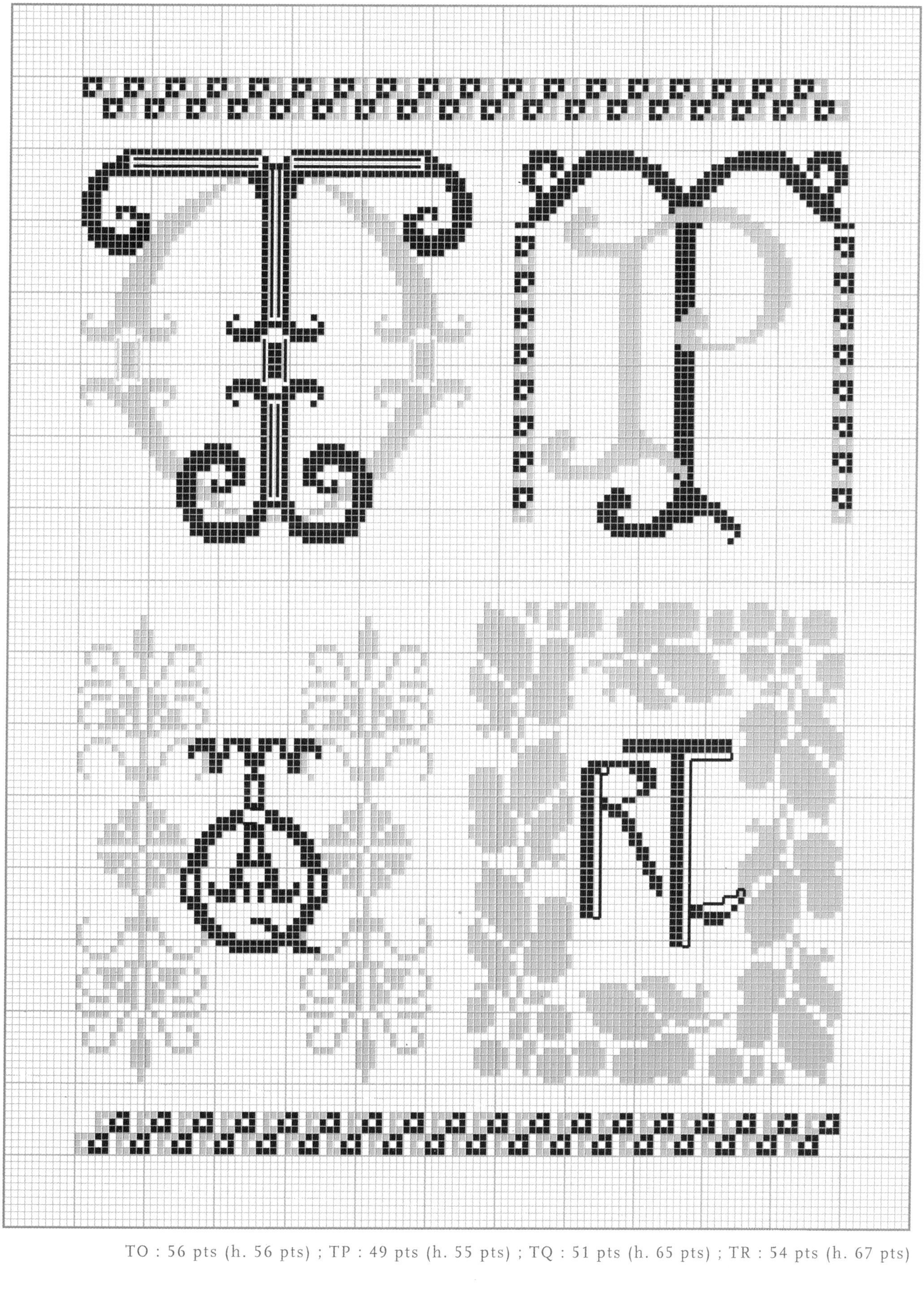

TO : 56 pts (h. 56 pts) ; TP : 49 pts (h. 55 pts) ; TQ : 51 pts (h. 65 pts) ; TR : 54 pts (h. 67 pts)

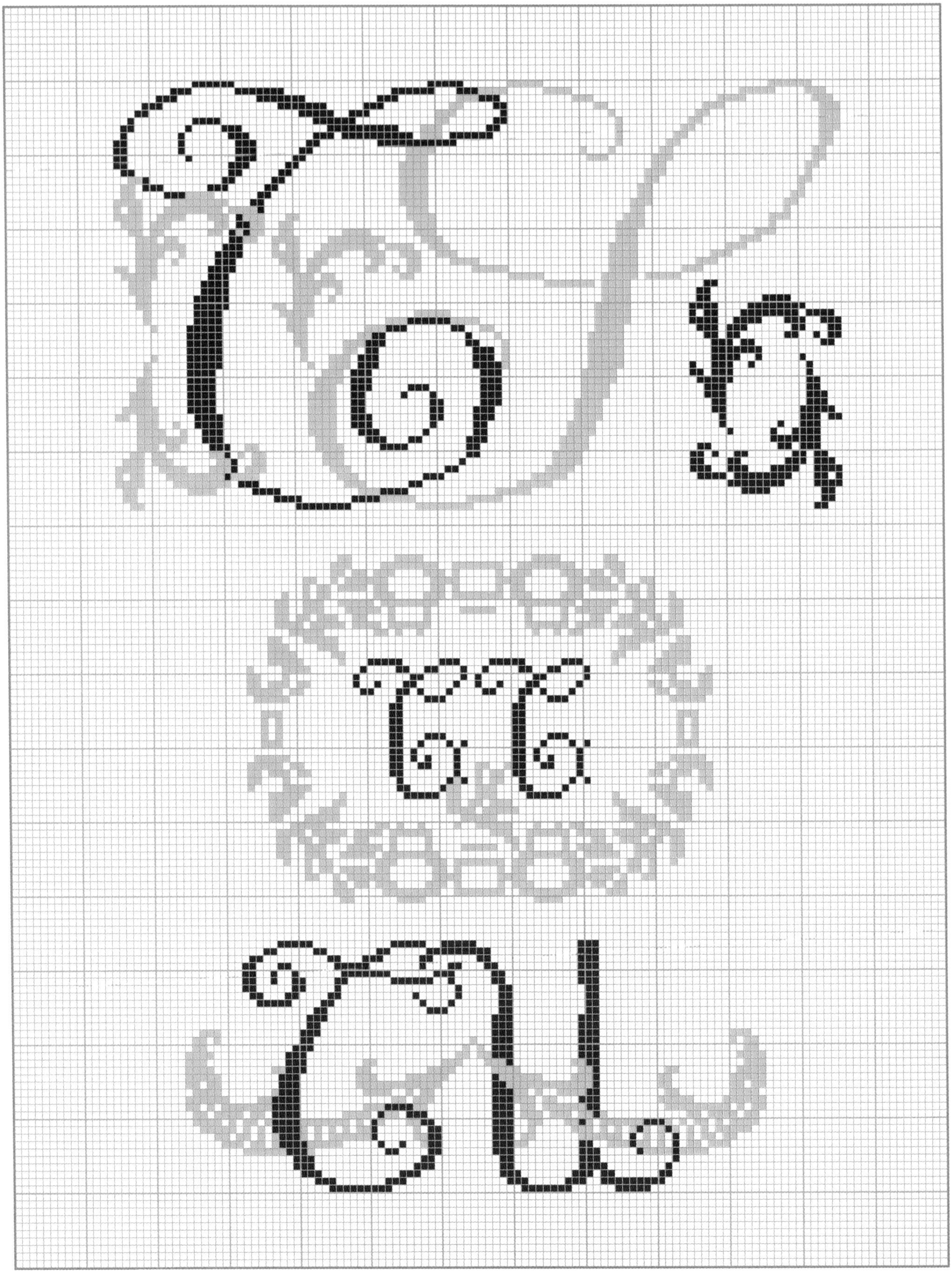

TS : 101 pts (h. 58 pts) ; TT : 64 pts (h. 42 pts) ; TU : 76 pts (h. 34 pts)

TV : 41 pts (h. 57 pts) ; TW : 59 pts (h. 57 pts) ; TX : 54 pts (h. 34 pts) ;
TY : 42 pts (h. 33 pts) ; TZ : 54 pts (h. 34 pts)

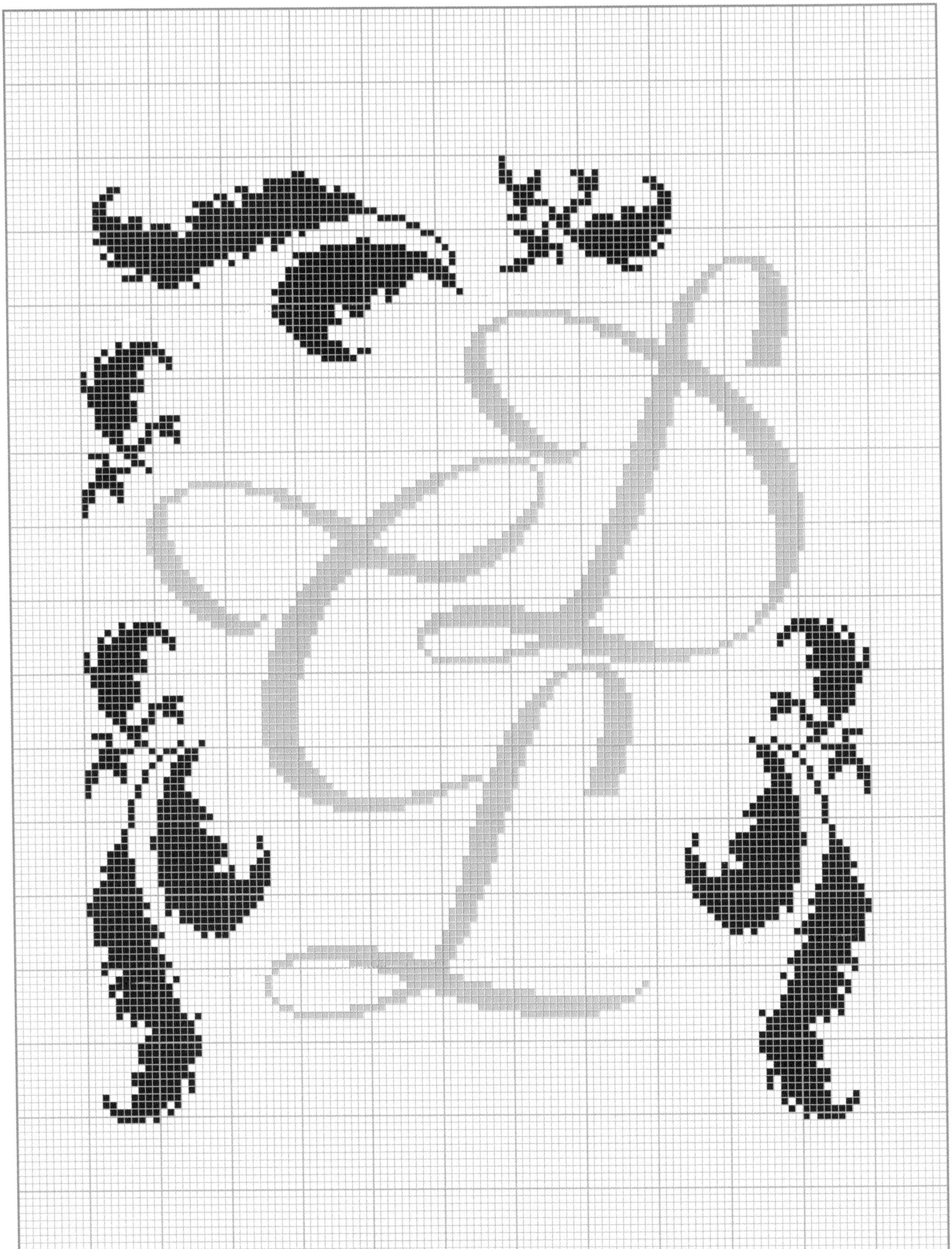

TLD : 92 pts (h. 103 pts) ; avec les motifs : 110 pts (h. 130 pts)

TBC : 43 pts (h. 90 pts) ; TAD: 60 pts (h. 92 pts) ; TFM : 81 pts (h. 50 pts)

Premiers souvenirs

Carnet de santé ou livre de naissance avec des motifs très tendres : un cadeau toujours apprécié.

1. Mesurez le document à recouvrir et coupez le lin à la dimension désirée en ajoutant 5,5 cm sur les 4 côtés. Surfilez, formez au fer un rentré de 0,5 cm sur tout le tour, puis un rentré de 5 cm sur les 2 largeurs. Maintenez par des épingles. Repliez sur 5 cm les 2 hauteurs et passez un fil de bâti sur le bord. Vérifiez que le document s'insère bien dans la couverture et, piquez très près du bord.
2. À l'endroit désiré, brodez le monogramme au point de croix sur 2 fils avec 2 brins pour les lettres et 3 brins pour les lapins.

Fournitures

- *Du lin bleu ardoise*
- *Des fils Mouliné DMC : gris perle 762, jaune moyen 743, jaune clair 727*
- *Du fil à coudre*

Dimensions

(sur une toile 12 fils/cm, brodée sur 2 fils)

- *Du monogramme : 2,16 x 3,66 cm*
- *De la broderie : 15,3 x 3,7 cm*

Grille p. 197

Avec un

UA : 84 pts (h. 50 pts) ; UB : 42 pts (h. 41 pts) ; UC : pts (h. 46 pts) ; UD : 94 pts (h. 47 pts

UE : 43 pts (h. 43 pts) ; UF : 60 pts (h. 61 pts) ; UG : 46 pts (h. 49 pts) ;
UH : 61 pts (h. 34 pts) ; UI : 19 pts (h. 45 pts) ; UJ : 82 pts (h. 38 pts)

UK : 25 pts(h. 22 pts) ; UL : 74 pts (h. 45 pts) ; UM : 36 pts (h. 19 pts) ;
UN : 99 pts (h. 62 pts) ; UO : 92 pts (h. 33 pts)

UP : 63 pts (h. 57 pts) ; UQ : 46 pts (h. 39 pts) ; UR : 55 pts (h. 29 pts) ;
US : 47 pts (h. 32 pts) ; UT : 110 pts (h. 59 pts)

UU : 79 pts (h. 44 pts) ; UV : 59 pts (h. 33 pts) ; UW : 30 pts (h. 33 pts) ;
UX : 34 pts (h. 29 pts) ; UY : 44 pts (h. 27 pts) ; UZ : 82 pts (h. 31 pts)

Avec un

VA : 37 pts (h. 59 pts) ; VB : 68 pts (h. 45 pts) ; VC : 49 pts (h. 51 pts) ; VD : 62 pts (h. 42 pts)

VE : 45 pts (h. 33 pts) ; VE : 60 pts (h. 30 pts) ; VF : 62 pts (h. 64 pts) ;
VG : 100 pts (h. 26 pts) ; VG : 81 pts (h. 45 pts)

VH : 49 pts (h. 62 pts) ; VI : 53 pts (h. 62 pts) ; VJ : 47 pts (h. 53 pts) ; VK : 60 pts (h. 52 pts)

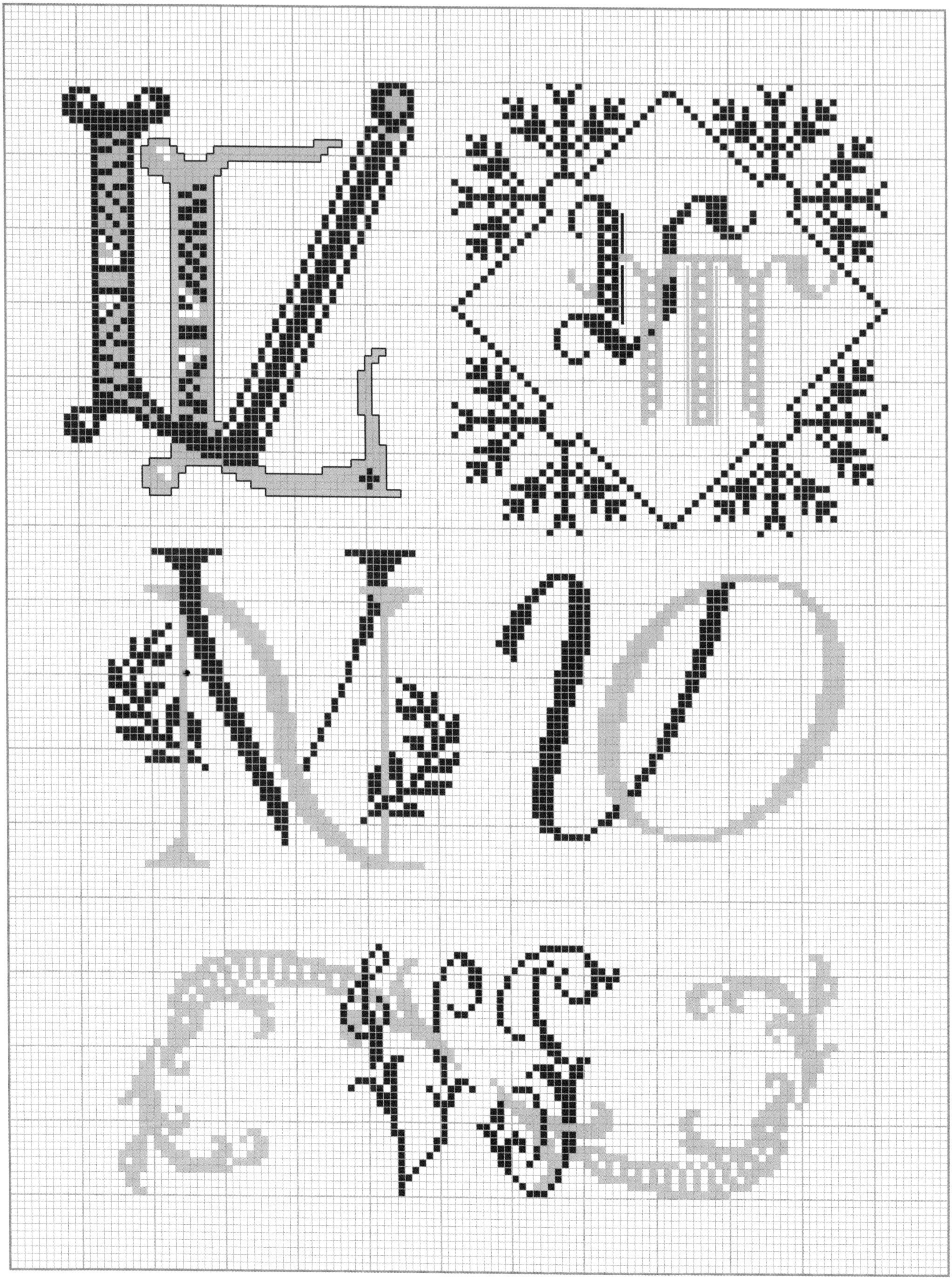

VL : 49 pts (h. 56 pts) ; VM : 60 pts (h. 61 pts) ; VN : 49 pts (h. 43 pts) ;
VO : 48 pts (h. 36 pts) ; VP : 100 pts (h. 34 pts)

VQ : 100 pts (h. 24 pts) ; VR : 41 pts (h. 39 pts) ; VS : 111 pts (h. 58 pts) ;
VT : 54 pts (h. 29 pts) ; VT : 39 pts (h. 29 pts)

VU : 29 pts (h. 39 pts) ; VV : 61 pts (h. 55 pts) ; VW : 44 pts (h. 37 pts) ;
VX : 49 pts (h. 30 pts) ; VY : 73 pts (h. 39 pts) ; VZ : 31 pts (h. 39 pts)

VBH : 75 pts (h. 75 pts) ; VFD : 80 pts (h. 71 pts)

L'heure du thé

Les lettres très graphiques et la frise décorative, brodées sur un beau lin jaune, donnent de l'éclat à un plateau tout simple.

1. Brodez le monogramme : le point de croix avec 2 brins, les points de piqûre avec 1 brin. Les coutures (1 cm) sont comprises dans les dimensions indiquées.
2. Dans le tissu fleuri, coupez 4 bandes de 24 x 7 cm et piquez autour de la broderie (dessin 1).
3. Dans le tissu uni, coupez 4 bandes de 35 x 7 cm, et assemblez-les autour de la broderie (dessin 2).

Fournitures

- *Du lin jaune : 30 x 24 cm*
- *Du tissu fleuri genre Liberty*
- *Du tissu uni*
- *Des fils Mouliné DMC : rouge groseille 347, prune foncé 154, vert forêt 986*
- *Du fil à coudre*

Dimensions

(sur une toile 12 fils/cm, brodée sur 2 fils)

- *Du monogramme : 6,66 x 2,16 cm*
- *De la broderie : 13,6 x 7,5 cm*

Grille p. 216

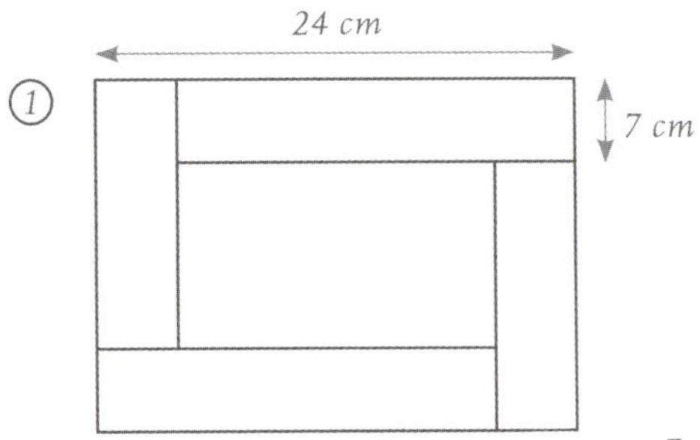

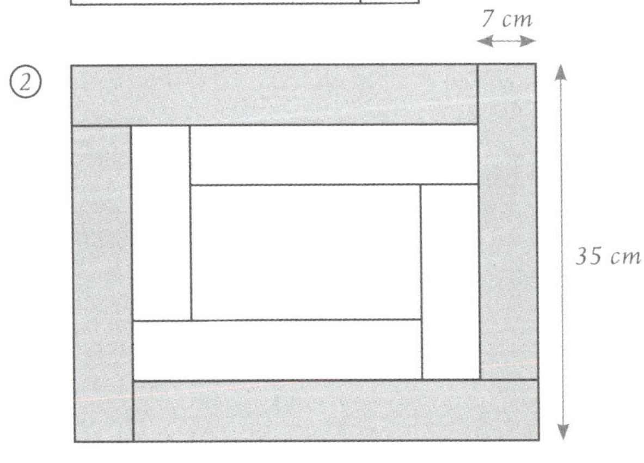

Avec un

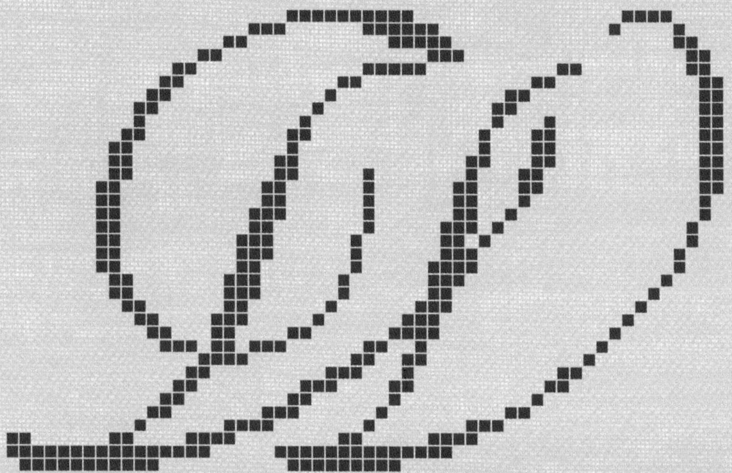

ou un

WA : 55 pts (h. 46 pts) ; WB : 39 pts (h. 52 pts) ; WC : 110 pts (h. 35 pts) ;
WD : 52 pts (h. 48 pts) ; WE : 47 pts (h. 27 pts)

WF : 59 pts (h. 31 pts) ; WG : 43 pts (h. 43 pts) ; WH : 59 pts (h. 26 pts) ; WI : 33 pts (h. 18 pts) ; WJ : 46 pts (h. 64 pts) ; WK : 40 pts (h. 65 pts)

WL : 73 pts (h. 44 pts) ; WM : 79 pts (h. 49 pts) ; WN : 15 pts (h. 40 pts) ;
WO : 29 pts (h. 20 pts) ; WP : 33 pts (h. 34 pts)

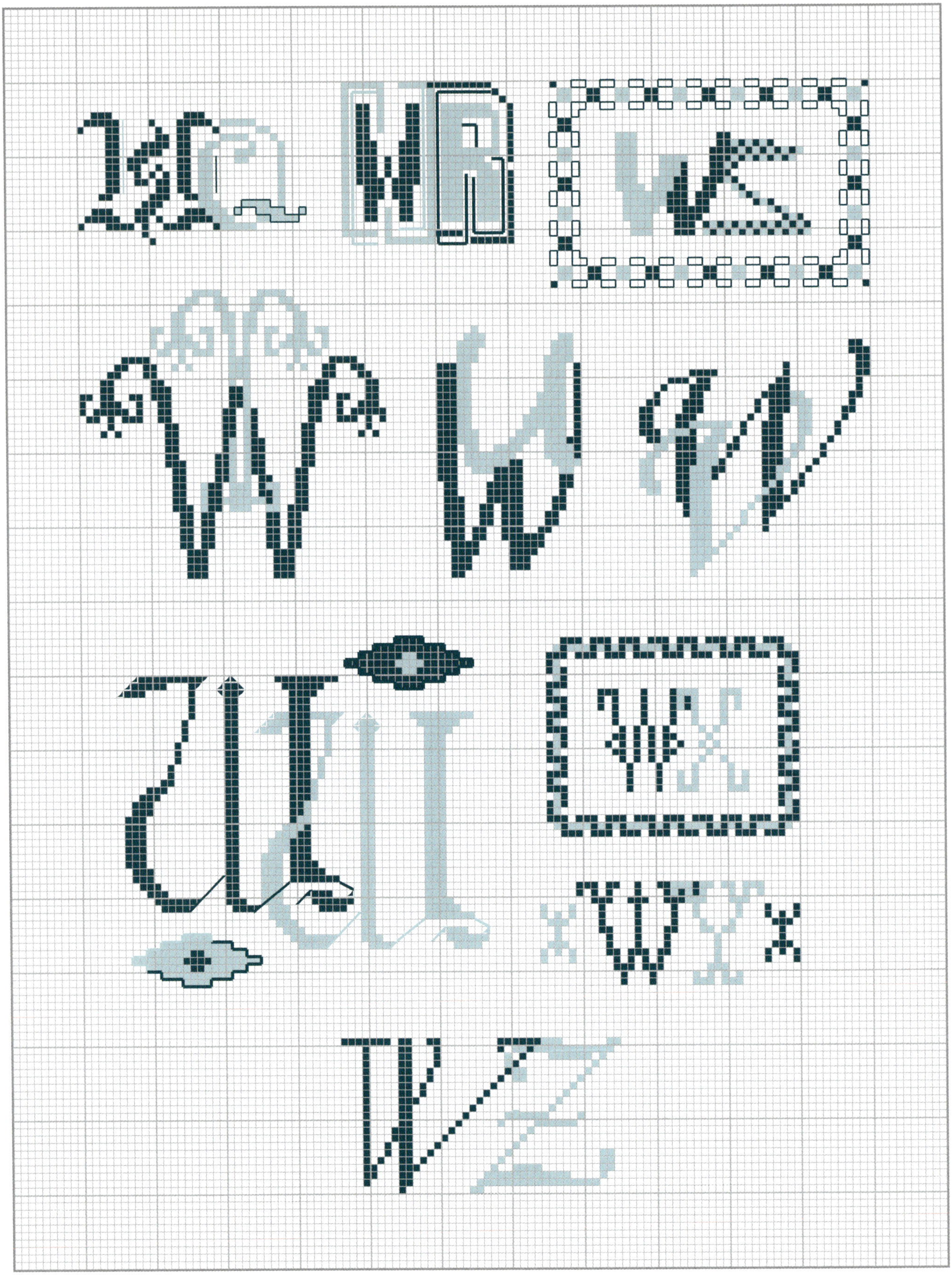

WQ : 32 pts (h. 13 pts) ; WR : 24 pts (h. 22 pts) ; WS : 44 pts (h. 28 pts) ; WT : 43 pts (h. 39 pts) ; WU : 20 pts (h. 34 pts) ; WV : 32 pts (h. 32 pts) ; WW : 47 pts (h. 47 pts) ; WX : 35 pts (h. 27 pts) ; WY : 36 pts (h. 24 pts) ; WZ : 38 pts (h. 20 pts)

XA : 47 pts (h. 29 pts) ; XB : 44 pts (h. 34 pts) ; XC : 79 pts (h. 36 pts) ; XD : 31 pts (h. 36 pts) ; XE : 31 pts (h. 35 pts) ; XF : 34 pts (h. 31 pts) ; XG : 110 pts (h. 22 pts)

XH : 39 pts (h. 36 pts) ; XI : 37 pts (h. 28 pts) ; XJ : 49 pts (h. 23 pts) ; XK : 44 pts (h. 42 pts) ; XL : 46 pts (h. 26 pts) ; XM : 33 pts (h. 25 pts) ; XN : 29 pts (h. 30 pts) ; XO : 30 pts (h. 30 pts)

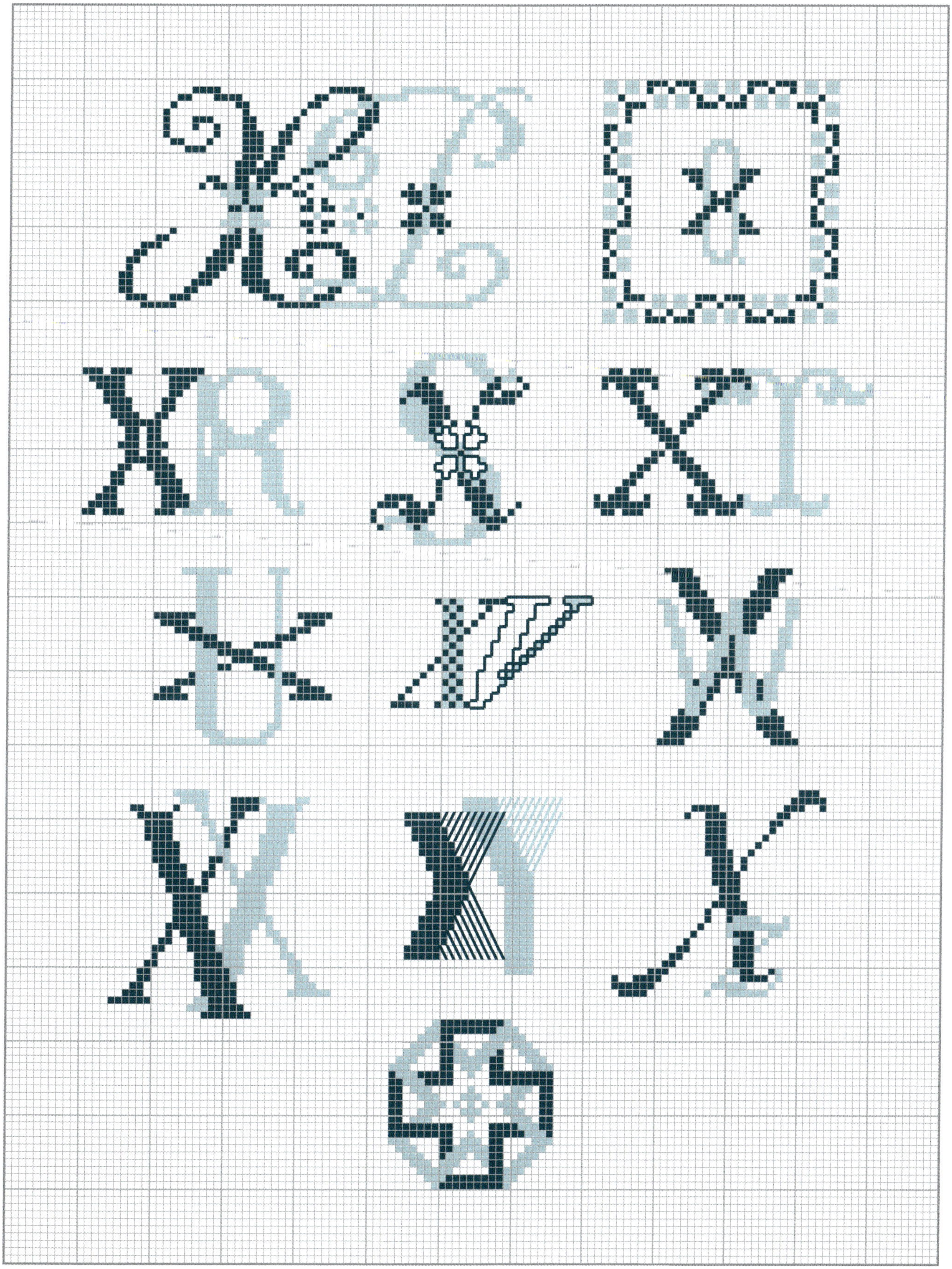

XP : 57 pts (h. 30 pts) ; XQ : 33 pts (h. 32 pts) ; XR : 31 pts (h. 20 pts) ; XS : 22 pts (h. 26 pts) ; XT : 39 pts (h. 20 pts) ; XU : 25 pts (h. 24 pts) ; XV : 28 pts (h. 15 pts) ; XW : 20 pts (h. 24 pts) ; XX : 31 pts (h. 31 pts) ; XY : 22 pts (h. 24 pts) ; XZ : 30 pts (h. 28 pts)

Avec un

ou un

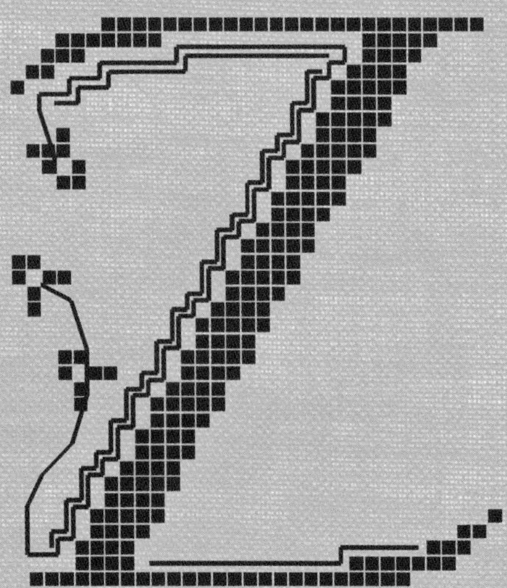

YA : 43 pts (h. 44 pts) ; YB : 59 pts (h. 39 pts) ; YC : 45 pts (h. 43 pts) ; YD : 39 pts (h. 35 pts) ; YE : 34 pts (h. 28 pts) ; YF : 52 pts (h. 25 pts)

YG : 48 pts (h. 32 pts) ; YH : 57 pts (h. 34 pts) ; YI : 48 pts(h. 42 pts) ; YJ : 57 pts (h. 43 pts) ;
YK : 58 pts (h. 35 pts) ; YL : 37 pts (h. 31 pts) ; YM : 33 pts (h. 25 pts) ; YN : 40 pts (h. 25 pts)

YO : 39 pts (h. 39 pts) ; YP : 27 pts (h. 40 pts) ; YQ : 32 pts (h. 40 pts) ; YR: 38 pts (h. 31 pts) ; YS : 37 pts (h. 28 pts) ; YT : 32 pts (h. 40 pts) ; YU : 34 pts (h. 34 pts) ; YV : 22 pts (h. 35 pts) ; YW : 41 pts (h. 37 pts) ; YX : 44 pts (h. 26 pts) ; YY : 19 pts (h. 28 pts) ; YZ : 40 pts (h. 30 pts)

ZA : 57 pts (h. 52 pts) ; ZB : 47 pts (h. 48 pts) ; ZC : 51 pts (h. 51 pts) ; ZD : 55 pts (h. 48 pts) ; ZE : 49 pts (h. 37 pts) ; ZF : 42 pts (h. 35 pts)

ZG : 37 pts (h. 43 pts) ; ZH : 43 pts (h. 37 pts) ; ZI : 34 pts (h. 34 pts) ; ZJ : 39 pts (h. 39 pts) ;
ZK : 30 pts (h. 35 pts) ; ZL : 44 pts (h. 50 pts) ; ZM : 61 pts (h. 50 pts)

ZN : 33 pts (h. 30 pts) ; ZO : 31 pts (h. 30 pts) ; ZP : 30 pts (h. 30 pts) ; ZQ : 29 pts (h. 30 pts) ; ZR : 19 pts (h. 28 pts) ; ZS : 35 pts (h. 25 pts) ; ZT : 35 pts (h. 38 pts) ; ZU : 15 pts (h. 39 pts) ; ZV : 46 pts (h. 16 pts) ; ZW : 46 pts (h. 18 pts) ; ZX : 38 pts (h. 35 pts) ; ZY : 41 pts (h. 33 pts) ; ZZ : 23 pts (h. 35 pts)

YLB : 118 pts (h. 74 pts) ; avec les motifs : 118 pts (h. 117 pts)